Meyke / Wendorf

Standardfälle
Gesetzliche
Schuldverhältnisse

6. Auflage 2018

ISBN 978-3-86724-003-1

6. Auflage 2018

© 2018 niederle media

Bezug möglich direkt vom Verlag
niederle media
48341 Altenberge
Fax (02505) 93 98 99
E-Mail: info@niederle-media.de
www.niederle-media.de

Lektorat: Dr. Benjamin Steinhilber

▶ Inhalt

▶ Vorwort der Autoren

Die Auswahl der vorliegenden Fälle basiert auf den Erfahrungen mit dem umfangreichen Gebiet der gesetzlichen Schuldverhältnisse, die wir im Studium in Vorlesungen, Hausarbeiten und Klausuren sammeln konnten und die wir jetzt als Korrekturassistenten und AG-Leiter selbst und in vielen Gesprächen mit anderen Juristen vertieft haben sowie den vielen Anregungen, die als Reaktion auf die erste Auflage des Buches von den Studenten kamen.

Ziel dieses Fallbuchs ist es, anhand ausgewählter Standardkonstellationen die **Grundzüge der gesetzlichen Schuldverhältnisse** darzustellen und punktuell auch zu vertiefen.

Die bewusst **einprägsam gestalteten** Sachverhalte dienen nicht (allein) der Unterhaltung, sondern sind Folge der täglichen Erfahrung, daß gerade das Außergewöhnliche im Gedächtnis haften bleibt. Doch sind die juristischen Probleme, die hinter den teils in AGs und Klausuren erfolgreich und mit Freude von den Studenten bearbeiteten Fallschilderungen stehen, echte **Standards und notwendiges Basiswissen**. Wir haben gezielt Probleme und Argumente in den Vordergrund gestellt und uns einer rein schematischen und damit wirkungslosen Klausurlösung enthalten. Die Schaffung eines Bewusstseins für die Schwierigkeiten des Bereiches der gesetzlichen Schuldverhältnisse und das Wecken der Neugier an deren Lösung ist unser Ziel. Die präsentierten Falllösungen sollen dabei das Verständnis für die Grundlagen schaffen und diese gleichzeitig dauerhaft vermitteln. Für die Unterstützung bei der Korrektur danken wir unseren Kommilitonen wiss. Mit. Marina Kopp und cand. iur. Franz Ferdinand Huschel.

Die neue Auflage ist um die Standardfälle zum EBV erweitert worden. Dass diese erst am Ende aufgeführt sind, hat rein redaktionelle Gründe, natürlich ist das EBV in einer Klausur an gewohnter Stelle zu prüfen!

Philip Meyke & Jan Wendorf

▶ Unsere 📖 Skripten 📒 Karteikarten 🔊 Hörbücher (CD & MP3)

Zivilrecht

- 📖 Standardfälle für Anfänger (7,90 €)
- 📖 🔊 Standardfälle BGB AT (7,90 €)
- 📖 🔊 Standardfälle Schuldrecht (7,90 €)
- 📖 🔊 Standardfälle Ges. Schuldverh., §§ 677, 812,823
- 📖 🔊 Standardfälle Sachenrecht (9,90 €)
- 📖 🔊 Standardfälle Familien- und Erbrecht (9,90 €)
- 📖 Klausuren Übung für Fortgeschrittene (7,90 €)
- 📖 🔊 Basiswissen BGB (AT) (Frage-Antwort)
- 📖 🔊 Basiswissen SchuldR (AT) 📖 🔊 SchuldR (BT) (7 €)
- 📖 🔊 Basiswissen Sachenrecht, 📖 🔊 FamR, 📖 🔊 ErbR
- 📖 Einführung in das Bürgerliche Recht (7,90 €)
- 📖 Studienbuch BGB (AT) (12 €)
- 📖 Studienbuch Schuldrecht (AT) (12 €)
- 📖 Schuldrecht (BT) 1 - §§ 437, 536, 634, 670 ff. (9,90 €)
- 📖 Schuldrecht (BT) 2 - §§ 812, 823, 765 ff. (9,90 €)
- 📖 SachenR 1 – Bewegl. S., 📖 SachenR 2 – Unb. S. (9,9 €)
- 📖 Familienrecht und 📖 Erbrecht (Einführungen) (9,90 €)
- 📖 Streitfragen Schuldrecht (7,90 €)
- 📖 🔊 Definitionen für die Zivilrechtsklausur (9,90 €)

Strafrecht

- 📖 🔊 Standardfälle für Anfänger Band 1 (9,90 €)
- 📖 Standardfälle für Anfänger Band 2 (7,90 €)
- 📖 Standardfälle für Fortgeschrittene (12 €)
- 📖 🔊 Basiswissen Strafrecht (AT) (Frage-Antwort)
- 📖 🔊 Basiswissen Strafrecht BT 1 und 📖 🔊 BT 2 (7 €)
- 📖 Strafrecht (AT) (7,90 €)
- 📖 Strafrecht (BT) 1 – Vermögensdelikte (9,90 €)
- 📖 Strafrecht (BT) 2 – Nichtvermögensdelikte (9,90 €)
- 📖 🔊 Definitionen für die Strafrechtsklausur (7,90 €)

Irrtümer und Änderungen vorbehalten!

Öffentliches Recht

- 📖 Standardfälle Staatsrecht I – StaatsorgaR (9,90 €)
- 📖 Standardfälle Staatsrecht II – Grundrechte (9,90 €)
- 📖 🔊 Standardfälle f. Anfänger (StaatsorgaR u. GRe) (7,9 €)
- 📖 🔊 Standardfälle Verwaltungsrecht (AT) (9,90 €)
- 📖 Standardfälle Polizei- und Ordnungsrecht (9,90 €)
- 📖 Standardfälle Baurecht (9,90 €)
- 📖 Standardfälle Europarecht (9,90 €)
- 📖 Standardfälle Kommunalrecht (9,90 €)
- 📖 🔊 Basiswissen StaatsR I –StaatsorgaR (Fr-Antw.) (7 €)
- 📖 🔊 Basiswissen StaatsR II –GrundR (Frage-Antw.) (7 €)
- 📖 Basiswissen VerwaltungsR AT– (Frage-Antwort) (7 €)
- 📖 Studienbuch Staatsorganisationsrecht (9,90 €)
- 📖 Studienbuch Grundrechte (9,90 €)
- 📖 Studienbuch Verwaltungsrecht AT (12 €)
- 📖 Studienbuch Europarecht (12,90 €) 🔊 Basiswissen EuR
- 📖 Studienbuch Wirtschaftsvölkerrecht (12,90 €)
- 📖 Staatshaftungsrecht (9,90 €)
- 📖 VerwaltungsR AT 1 – VwVfG u. 📖 AT 2–VwGO (7,90 €)
- 📖 VerwaltungsR BT 1 – POR (9,90 €)
- 📖 VerwaltungsR BT 2 – BauR 📖 BT 3 – UmweltR (9,90 €)
- 📖 🔊 Definitionen Öffentliches Recht (9,90 €)

Steuerrecht

- 📖 Abgabenordnung (AO) (9,90 €)
- 📖 Erbschaftsteuerrecht (9,90 €)
- 📖 Steuerstrafrecht/Verfahren/Steuerhaftung (7,90 €)

Sozialrecht

- 📖 Kinder- und Jugendhilferecht (7,90 €)
- 📖 Sozialrecht (9,90 €)

Nebengebiete

- 📖 🔊 Standardfälle Handels- & GesR (9,90 €)
- 📖 🔊 Standardfälle Arbeitsrecht (9,90 €)
- 📖 Standardfälle ZPO (9,90 €)
- 📖 🔊 Basiswissen HandelsR (Frage-Antwort) (7,9 €)
- 📖 🔊 Basiswissen Gesellschaftsrecht (7,90 €)
- 📖 🔊 Basiswissen ZPO (Frage-Antwort) (7,90 €)
- 📖 🔊 Basiswissen StPO (Frage-Antwort) (7,90 €)
- 📖 Handelsrecht (9,90 €)
- 📖 Gesellschaftsrecht (9,90 €)
- 📖 Arbeitsrecht (9,90 €)
- 📖 Kollektives Arbeitsrecht (9,90 €)
- 📖 ZPO I – Erkenntnisverfahren (9,90 €)
- 📖 ZPO II – Zwangsvollstreckung (9,90 €)
- 📖 Strafprozessordnung – StPO (9,90 €)
- 📖 Einf. Internationales Privatrecht - IPR (9,90 €)
- 📖 Standardfälle IPR (9,90 €)
- 📖 Insolvenzrecht (9,90 €)
- 📖 Gewerbl. Rechtsschutz/Urheberrecht (9,90 €)
- 📖 Wettbewerbsrecht (9,90 €)
- 📖 Ratgeber 500 Spezial-Tipps für Juristen (12 €)
- 📖 Mediation (7,90 €)
- 📖 Sportrecht (9,90 €)

Karteikarten (je 9,90 €)

- 📒 Zivilrecht: BGB AT/SchuldR/Grundlagen/Schemata
- 📒 Strafrecht: AT/BT-1/BT-2/Streitfragen
- 📒 Öff. R.: StaatsorgaR/GrundR/VerwR/Schemata

Assessorexamen

- 📖 Der Aktenvortrag im Strafrecht (7,90 €)
- 📖 Der Aktenvortrag im Zivilrecht (7,90 €)
- 📖 Der Aktenvortrag im Öffentlichen Recht (7,90 €)
- 📖 Staatsanwaltl. Sitzungsdienst & Plädoyer (9,90 €)
- 📖 Die strafrechtliche Assessorklausur (7,90 €)
- 📖 Die Assessorklausur VerwR Bd. 1 (7,90 €)
- 📖 Die Assessorklausur VerwR Bd. 2 (7,90 €)
- 📖 Vertragsgestaltung in der Anwaltsstation (7 €)

Irrtümer und Änderungen vorbehalten!

BWL

- 📖 Einführung i. die Betriebswirtschaftslehre (7,90 €)
- 📖 Organisationsgestaltung & -entwickl. (9,90 €)
- 📖 Fallstudien Organisationsgestaltung & -entwickl.
- 📖 Internationales Management (7 €)
- 📖 Wie gelingt meine wiss. Abschlussarbeit? (7 €)
- 📖 Medienwirtschaft für Mediengestalter (14,90 €)

Irrtümer und Änderungen vorbehalten!

Schemata

- 📖 Die wichtigsten Schemata-ZivR,StrafR,ÖR (14,90)
- 📖 Die wichtigsten Schemata–Nebengebiete (9,90 €)

🔊 bedeutet: auch als **Hörbuch** (CD oder MP3-Download) lieferbar!

Bei **niederle-media.de** bestellte Artikel treffen idR *nach 1-2 Werktagen* ein!

Fall 1: Das gestürzte Bonsaipony

▶ **Standort:** GoA, Selbstaufopferung, professioneller Nothelfer

Jurastudent Johnny (J) hat mit mehr Glück als Verstand sein Erstes Staatsexamen bestanden. Zur Belohnung schenkt ihm die Freundin seines Vaters Karten für ein Konzert seiner Lieblingsband, den Stolling Rones, und überlässt ihm für den Weg dorthin ihren großen amerikanischen Geländewagen. Während Johnny zum Konzert fährt, ist auf der Strecke zur gleichen Zeit der Pferdeliebhaber Florian Fohlen (F) auf seinem kleinem Bonsaipony Wommit unterwegs. Ohne Grund und Schuld des F kommt Wommit aus dem Tritt und stürzt hinter einer Kurve. Der herannahende J kann, als er eben diese Kurve passiert, nur noch geistesgegenwärtig das Lenkrad herumreißen und fährt deswegen in den gegenüberliegenden Straßengraben. Dabei wird der Wagen des J beschädigt. Hätte J nicht so reagiert, hätte er den F überfahren und dadurch getötet. Wommit muss sich vor Schreck auf F übergeben,[1] der daraufhin ohnmächtig wird. Der Schaden am Wagen beträgt 1.597,00 Euro. Während die alarmierte Ambulanz den noch bewusstlosen F versorgt, kommt glücklicherweise der Tierarzt Dr. Christian Mieze (M) vorbei und kümmert sich um das unter Schock stehende Pony.

1. Kann M von F Ersatz für die bei der Versorgung des Ponys verwendeten Materialien verlangen? Hat M gegen F einen Anspruch auf ein Honorar?

2. Hat J gegen F Ansprüche aus GoA für den beschädigten Wagen?

---

[1] Diese besondere Pferdeart kann das.

I. Anspruch des M gegen F auf Aufwendungsersatz und Honorar aus GoA gemäß §§ 677, 683 S. 1, 670

M könnte gegen F einen Anspruch gemäß §§ 677, 683 S. 1, 670 auf Aufwendungsersatz und Honorar haben.

1. Geschäftsführung

M müsste ein Geschäft geführt haben, § 677. Unter einem Geschäft versteht man jede rechtsgeschäftliche oder tatsächliche Handlung.[3] M hat mit der Versorgung des Ponys ein Geschäft geführt.

2. Fremdes Geschäft

Die Behandlung müsste für M ein fremdes Geschäft gewesen sein, § 677. Bei der Feststellung, ob ein Geschäft fremd ist, wird geprüft, ob das Geschäft „objektiv fremd", „subjektiv fremd" oder „auch fremd" ist. Ein objektiv fremdes Geschäft liegt vor, wenn es schon äußerlich erkennbar nicht im Rechts- und Interessenkreis des Geschäftsführers liegt.[4]

---

[2] Alle Paragraphen ohne weitere Kennzeichnung sind solche des BGB.
[3] BGHZ 56, 207.
[4] Vgl. Hk-BGB/ *Schulze*, § 677 Rn. 3.

Das Pony steht im Eigentum des F. Es unterliegt damit dessen Fürsorge. Damit war die Versorgung des Ponys für M schon ein objektiv fremdes Geschäft.

3. Fremdgeschäftsführungswille

M müsste mit dem Willen und Wissen gehandelt haben, das Geschäft eines anderen zu führen. Zwar sagt der Sachverhalt hier nichts darüber aus, doch wird bei objektiv fremden Geschäften der Fremdgeschäftsführungswille widerlegbar vermutet.[5] Da hier keine Anhaltspunkte dagegen sprechen, ist der Fremdgeschäftsführungswille anzunehmen.

4. Ohne Auftrag oder sonstige Berechtigung

M müsste auch ohne Auftrag oder sonstige Berechtigung gehandelt haben, § 677. Dergleichen liegt hier nicht vor, insbesondere fehlt es an einem Vertrag zwischen M und F, da F bewusstlos war.

5. Wille und Interesse des Geschäftsherren

M müsste mit dem Willen und im Interesse des Geschäftsherren das Pony behandelt haben, § 683 S.1. Ein objektives Interesse des Geschäftsherrn an der Übernahme des Geschäfts durch den Geschäftsführer ist dann zu bejahen, wenn die Übernahme des Geschäfts dem Geschäftsherrn objektiv nützlich ist.[6] Dies ist vorliegend zweifelsfrei zu bejahen. Des Weiteren kommt es auf den wirklichen oder mutmaßlichen Willen des Geschäftsherrn an. Dies gilt unabhängig davon, ob das objektive Interesse entgegensteht, ob also der Geschäftsherr einen Willen hat, der seinem objektiven Interesse widerspricht.[7] F hat seinen wirklichen Willen nicht äußern können, da er bewusstlos war. Deswegen muss sein mutmaßlicher Wille ermittelt werden. Wäre der Pferdeliebhaber F bei Bewusstsein, so würde er hier mutmaßlich die Behandlung des Ponys durch M billigen. Damit entspricht die Behandlung durch den M dem mutmaßlichen Willen des F. Wenn der mutmaßliche Wille aufgrund be-

---

5 Vgl. Hk-BGB/ *Schulze,* § 677 Rn. 7.
6 Vgl. OLG Köln, VersR 1995, 1319.
7 Vgl. Peifer, Gesetzliche Schuldverhältnisse, § 13 Rn. 6.

10

stimmter Umstände nicht zu ermitteln ist, muss auf das objektive Interesse des Geschäftsherrn abgestellt werden, das dem mutmaßlichen Willen regelmäßig entspricht.[8]

Beachte: Der Prüfungspunkt „Wille und Interesse des Geschäftsherren" macht regelmäßig in Klausuren wegen der Abgrenzung und Gewichtung der Tatbestandsmerkmale Schwierigkeiten und ist auch in der Literatur umstritten.[9] Deswegen sollte vereinfacht wie folgt geprüft werden:
1. Wurde **der wirkliche Wille** erklärt (konkludent oder ausdrücklich), kommt es allein auf diesen an, auch wenn der Wille objektiv nicht vernünftig erscheint. Das objektive Interesse wird hier mit dem geäußerten Willen des Geschäftsherrn gleichgesetzt und kann auch unvernünftig sein (mit Ausnahme von § 679).
2. Fehlt der wirkliche Wille, so kommt es auf den **mutmaßlichen Willen** und das objektive Interesse an. Dabei ist es das objektive Interesse, das anhand der konkreten Situation *und dem vermuteten Interesse des Geschäftsherrn* den mutmaßlichen Willen ausmacht. Berücksichtigt werden damit nur objektive Maßstäbe zur Beurteilung, rein subjektive Vermutungen des Geschäftsführers spielen keine Rolle.
Eine **weitere Unterscheidung** muss dabei getroffen werden, ob es sich um den Willen in Bezug auf die Übernahme des Geschäfts (§ 683 S. 1) oder auf die Durchführung des Geschäfts (§ 677) handelt. § 683 S. 1 bezieht sich auf die Entstehung des Anspruchs des Geschäftsführers, weswegen ein entsprechender Wille (nur) bzgl. der **Übernahme** der GoA vorliegen muss. Steht der Geschäftsherrenwillen der konkreten **Durchführung** entgegen (§ 677), dann entsteht der Anspruch auf Aufwendungsersatz dennoch, wenngleich mögliche Schadenersatzforderungen den Aufwendungsersatz im Ergebnis vermindern können. Das setzt allerdings schon eine schuldhafte Außerachtlassung des Willens des Geschäftsherrn voraus.

---

[8]   Vgl. Martinek/ Theobald, JuS 1997, 614.
[9]   Hierzu und für das folgende vgl. Brox/ Walker, Besonderes Schuldrecht, Rn. 689 ff. sowie Martinek/ Theobald, JuS 1997, 614.

6. Rechtsfolge

Da die Voraussetzungen einer berechtigten GoA vorliegen, kann M von F gemäß §§ 677, 683 S. 1, 670 die von ihm gemachten Aufwendungen ersetzt verlangen. Aufwendungen sind jedenfalls alle freiwilligen Vermögensopfer. Damit kann M von F den Wert der bei der Behandlung verwendeten Materialien, wie z.B. der Spritzen, verlangen.

II. Ersatz der Arbeitsleistung: Der „professionelle Nothelfer"

M möchte von F auch seine professionellen Dienste als Tierarzt vergütet haben. Da er insoweit Arbeitsleistungen und keine freiwilligen Vermögensopfer erbracht hat, liegen grundsätzlich keine Aufwendungen i.S.d. § 670 vor. Damit würde ein Anspruch aus GoA auf Ersatz seiner Arbeitsleistung ausscheiden. Allerdings sind als Ausnahme von der Regel, dass Zeit und Arbeitskraft eines Geschäftsführers nicht ersetzt werden, professionelle Dienste nach h.M. analog § 1835 III als Aufwendungen dann zu vergüten, wenn die ausgeführte Tätigkeit zu dem Beruf oder dem Gewerbe des Geschäftsführers zu zählen ist.[10] M kann damit von F auch eine Vergütung seiner Dienste verlangen.

Diese Ansicht wird auch auf andere Argumente gestützt bzw. sogar auf Geschäftsführer erweitert, deren Geschäftsbesorgung nicht zu ihrem Beruf oder Gewerbe gehört.[11]

III. Anspruch des J gegen F auf Aufwendungsersatz gemäß §§ 677, 683 S. 1, 670

Beachte: Dass überhaupt in solchen Fällen der „Selbstaufopferung im Straßenverkehr"[12], wie im vorliegenden Sachverhalt, die GoA-Regelungen in Anspruch genommen wer-

---

[10] Vgl. PWW/ *Fehrenbacher,* § 683 Rn. 8.
[11] Vgl. den Überblick in Musielak, Grundkurs BGB, Rn. 698. Im Rahmen der Fallbearbeitung ist allein auf den § 1835 III analog zu verweisen.
[12] Maßgeblich dazu BGHZ 38, 270 ff.

12

den, liegt am mangelnden Verschulden des Anspruchsgegners, so dass das Deliktsrecht nicht zum gewünschten Ergebnis kommen kann. In Klausuren sind häufig auch Minderjährige mögliche Anspruchsgegner im Sachverhalt, die wegen §§ 828 II, 829 nicht aus Deliktsrecht haften.

1. Geschäftsführung
Das Ausweichen des J ist eine Geschäftsbesorgung in Form einer tatsächlichen Handlung.

2. Fremdes Geschäft/ Fremdgeschäftsführungswille
Es ist umstritten, ob bei der sog. „Selbstaufopferung im Straßenverkehr" ein fremdes Geschäft vorliegt bzw. der Geschäftsführende mit Fremdgeschäftsführungswillen handelt. Denn dieser will ja auch sich bzw. sein Eigentum schützen. Dies liegt eindeutig in seinem eigenen Rechtskreis. Da hier sowohl der Rechtskreis des J als auch der des F betroffen sind, liegt ein sog. „auch fremdes Geschäft" vor. Dabei wird nach Rechtsprechung des BGH grundsätzlich der Fremdgeschäftsführungswille vermutet. Dies ist aber umstritten:

a) Eine Ansicht
Nach einer in der Literatur vertretenen Ansicht[13] könne bei diesen Fällen zwar ein „auch fremdes Geschäft" vorliegen. Doch handle der Geschäftsführer nicht mit Fremdgeschäftsführungswillen, denn er wolle Schäden an seiner Gesundheit und an seinem Eigentum verhindern. Auch sei das Steuern des Wagens seine Angelegenheit. Also ist er in seinem eigenen Rechtskreis tätig. Nach dieser Ansicht kommt im vorliegenden Fall kein Anspruch aus GoA in Betracht.

b) Andere Ansicht
Nach der Rechtsprechung des BGH ist in diesen Fällen dann ein „auch fremdes Geschäft" und damit der Fremdgeschäftsführungswille zu bejahen, wenn sich der Kraftfahrer

---

[13] Vgl. hierzu und zu den Argumenten der Gegenansicht den Überblick bei Martinek/ Theobald, JuS 1997, 808.

i.S.d. § 7 II StVG entlasten kann. Nach der diesem Urteil zugrunde liegenden Gesetzesfassung hätte der Unfall damit ein unabwendbares Ereignis sein müssen. Dies wäre dann der Fall gewesen, wenn der Fahrer wie ein „Idealfahrer" gehandelt hätte und dennoch den Unfall nicht hätte abwenden können. Einer solchen Annahme im vorliegenden Fall steht nichts entgegen. Damit wäre sowohl ein „auch fremdes Geschäft" als auch der Fremdgeschäftsführungswille zu bejahen gewesen.

Allerdings spricht die **neue Fassung des § 7 II StVG** nunmehr nicht von einem „unabwendbarem Ereignis", sondern geht von „höherer Gewalt" aus. Deswegen muss die Norm anders ausgelegt werden. So verlangt die höhere Gewalt nicht mehr nur einen Idealfahrer zur Entlastung, sondern

- ein **von außen** kommendes Ereignis,
- das so **außergewöhnlich** ist, dass man mit seinem **Eintritt nicht zu rechnen** braucht und
- **nicht durch Sorgfalt** oder sonst wie **zumutbare** und zu erwartende **Maßnahmen** hätte verhindert werden können.[14]

Ein Ereignis höherer Gewalt liegt hier aber nicht vor. Zwar ist es extrem ungewöhnlich, dass ein Pferd hinter einer Kurve liegt, doch muss gerade im Straßenverkehr mit Hindernissen auf der Fahrbahn, auch durch „liegen gebliebene" Verkehrsteilnehmer, gerechnet und entsprechend gefahren werden. Da also keine höhere Gewalt vorliegt, handelt es sich nicht um ein „auch fremdes Geschäft" und J handelte somit nicht mit Fremdgeschäftsführungswillen. Nach dieser Ansicht scheidet ein Anspruch aus GoA aus.

c) Zwischenergebnis
Beide Ansichten kommen nach der Änderung des § 7 II StVG zu dem gleichen Ergebnis, ein fremdes Geschäft bzw. ein Fremdgeschäftsführungswille liegt nicht vor.

3. Ergebnis
J hat gegen F keinen Anspruch aus GoA.

---

[14] Vgl. die genaue Definition der höheren Gewalt in DAR 1988, 239.

Fall 2: Der Marder im Auto

▶ **Standort:** BGB Schuldrecht BT, GoA

Der Rentner Adam Alaaf (A) wohnt in einem Haus am Stadtrand von Düsseldorf und ist noch ganz rüstig, doch leider psychisch erkrankt, so dass er seine Angelegenheiten nicht mehr selbst besorgen kann. Das Vormundschaftsgericht hat deshalb Bogomil Bügelfalte (B) zu seinem Betreuer bestellt. Der Garten des A lockt wegen seiner Wildheit alle möglichen Tiere an; unter anderem hat sich ein Marder dort niedergelassen. Als A eines Tages auf einer mehrtägigen Kaffeefahrt ist, treibt das Tier in der Nachbarschaft des A sein Unwesen. Dabei hat es das Auto des Nachbarn Norbert Neugier (N) funktionsunfähig gemacht. Als N den „Marderschaden" an seinem Wagen entdeckt und den Übeltäter auf dem Grundstück des A erspäht, hat er die schlimmsten Befürchtungen: Er kontrolliert daher das Auto des A und muss feststellen, dass auch dieses vom Marder funktionsunfähig gemacht wurde. Da N weiß, dass A auf das Auto angewiesen ist, bestellt er kurzerhand einen Kfz–Mechaniker und lässt die erforderlichen Reparaturen durchführen. Der Schaden wird behoben. Nach Abschluss der Arbeiten zahlt N die fällig gewordenen 99,77 Euro. N möchte diesen Betrag nach der Rückkehr des A erstattet bekommen. A ist dazu jedoch nicht bereit. B erkennt allerdings die Notwendigkeit des Eingriffs und interveniert. Er weiß, dass A auf die Benutzung des Fahrzeugs absolut angewiesen ist, da er regelmäßig Ärzte aufsuchen muss, die er mit dem ÖPNV nicht erreichen kann. Er tritt daher für eine Erstattung der Kosten ein. Hat N gegen A einen Anspruch auf Zahlung von 99,77 Euro?

Anspruch des N gegen A gemäß §§ 677, 683 S. 1, 670
1. Geschäftsführung
2. Fremdes Geschäft
3. Fremdgeschäftsführungswille
4. Ohne Auftrag oder sonstige Berechtigung
5. Wille und Interesse
6. Ergebnis

Anspruch des N gegen A gemäß §§ 677, 683 S. 1, 670

N könnte gegen A gemäß §§ 677, 683 S. 1, 670 einen Anspruch auf Zahlung von 99,77 Euro haben.

1. Geschäftsführung
Hierfür müsste N ein Geschäft geführt haben. Da das jede rechtsgeschäftliche oder tatsächliche Handlung sein kann, ist in der Beauftragung eines Mechanikers mit dem Ziel der Reparatur und Sicherung des Autos von A deshalb eine Geschäftsführung zu sehen.

2. Fremdes Geschäft
Es handelt sich hier um ein objektiv fremdes Geschäft, da die Sorge für das Auto des A sowie die Reparatur schon rein äußerlich erkennbar in dessen Rechtskreis und nicht in den des N fällt. Damit liegt auch ein fremdes Geschäft i.S.d. § 677 vor.

3. Fremdgeschäftsführungswille
Der Fremdgeschäftsführungswille wird bei dem objektiv fremden Geschäft vermutet und liegt hier vor.

4. Ohne Auftrag oder sonstige Berechtigung
N müsste gemäß § 677 ohne Auftrag oder sonstige Berechtigung gehandelt haben. Dies ist vorliegend der Fall. Insbesondere liegt kein Vertrag zwischen N und A vor. Es besteht nur ein Vertrag zwischen N und dem Kfz–Mechaniker.

5. Wille und Interesse
Gemäß § 683 S. 1 müsste N im Interesse und mit Willen des A gehandelt haben. Wenn dies nicht der Fall wäre, müsste ein bereicherungsrechtlicher Anspruch des N gegen A geprüft werden.[15]

---

[15] Vgl. zu den Folgen einer Geschäftsführung gegen den Willen des Geschäftsherrn Hk-BGB/ *Schulze,* Vor §§ 677-687 Rn. 6.

Grundsätzlich ist auf den Willen des Geschäftsherrn abzustellen, wobei der wirkliche oder mutmaßliche Wille maßgeblich ist. Wenn der wirkliche Wille nicht erkennbar ist, so ist auf den mutmaßlichen Willen abzustellen. Wenn der mutmaßliche Wille nicht zu ermitteln ist, muss auf das objektive Interesse abgestellt werden. Das objektive Interesse entspricht hierbei regelmäßig dem mutmaßlichen Willen.[16]

Im vorliegenden Fall ist der Wille von A eindeutig: Er möchte keine Reparatur an seinem Fahrzeug. Allerdings steht er vollständig unter Betreuung gemäß § 1896. Fraglich ist deshalb, ob trotzdem sein Wille maßgeblich für die Frage sein kann, ob N die Reparaturen vornehmen lassen sollte oder nicht. Wenn der Geschäftsherr geschäftsunfähig ist, so ist nicht auf seinen Willen, sondern auf den des gesetzlichen Vertreters abzustellen.[17] Gemäß § 1902 vertritt der Betreuer den zu Betreuenden auch außergerichtlich und ist damit sein gesetzlicher Vertreter.[18]

B will die Reparatur des Autos des A, weil dieser auf das Fahrzeug angewiesen ist. Da es hier auf den Willen des B ankommt, entspricht die Geschäftsführung damit dem Willen des Geschäftsherrn.

6. Ergebnis
N hat gemäß §§ 677, 683 S. 1, 670 einen Anspruch auf Zahlung von 99,77 Euro gegen A.

---

[16] Vgl. zum Tatbestandsmerkmal PWW/ *Fehrenbacher*, § 683 Rn. 1 ff.
[17] Vgl. Brox, Besonderes Schuldrecht, § 35 Rn. 32.
[18] Vgl. Palandt-*Diederichsen*, § 1902 Rn. 2.

Fall 3: Der Musterschüler

▶ **Standort:** BGB Schuldrecht BT, GoA

Der 15-jährige Dave Drohne (D) ist ein bienenfleißiger Schüler. Als er eines Tages frühmorgens auf dem Weg zur Schule ist, sieht er, wie der vor ihm auf dem Rad fahrende Humbert Hummel (H) plötzlich ins Schlingern gerät und stürzt. D hält sofort an und eilt H zur Hilfe. H ist zunächst noch ganz benommen und nimmt gar nichts richtig wahr. Erst als er durch den Beistand des D wieder auf beiden Beinen steht, ist er wieder ganz bei Sinnen. Allerdings hat sich H an Hand und Gesicht stark verletzt, so dass er übel zugerichtet aussieht. Er ist mit Schrammen übersät und hat sich zwei stark blutende Schnittwunden zugezogen. D ist zufällig interessierter Hobbysanitäter, weshalb er immer Einwegschutzhandschuhe bei sich führt. Diese benutzt er, als er dem zerschundenen H auf die Beine hilft. Nachdem H die Wunden selbst mit einem Taschentuch notdürftig verbunden hat, ziehen beide ihrer Wege. Als D später nach Hause kommt und seinen Eltern von dem Vorfall erzählt, sind diese von seinem Verhalten begeistert und freuen sich über ihren phantastischen Sohn. D hat allerdings seine Handschuhe unbenutzbar gemacht, außerdem ist seine Kleidung so mit Blut verschmutzt, dass er insgesamt einen Schaden von 288,86 Euro hat. 288,00 Euro beträgt der Schaden an der Kleidung, die Einweghandschuhe hatten ihn 0,86 Euro gekostet. Kann D diese Kosten von H aus GoA erstattet bekommen?

Anspruch des D gegen H gemäß §§ 677, 683 S. 1, 670
1. Geschäftsführung
2. Fremdes Geschäft
3. Fremdgeschäftsführungswille
4. Ohne Auftrag oder sonstige Berechtigung
5. Wille und Interesse des Geschäftsherrn
a) Eine Ansicht
b) Andere Ansicht
6. Ersatz der Aufwendungen
7. Ergebnis

18

Anspruch des D gegen H gemäß §§ 677, 683 S. 1, 670

D könnte gegen H gemäß §§ 677, 683 S. 1, 670 einen Anspruch auf Zahlung von 288,86 Euro haben.

1. Geschäftsführung

Zunächst müsste der D ein Geschäft geführt haben. Da eine Geschäftsführung auch eine rein tatsächliche Handlung sein kann[19], hat D durch das Aufhelfen ein Geschäft geführt.

2. Fremdes Geschäft

Fraglich ist, ob das Geschäft ein objektiv fremdes ist, d.h. einem fremden Interessen- und Rechtskreis zuzuordnen ist.[20] Grundsätzlich ist das Aufstehen nach einem Sturz ausschließlich dem Rechtskreis des Gestürzten zuzuordnen. Allerdings könnte sich etwas anderes daraus ergeben, dass jeder des Weges kommende Passant schon allein wegen § 323c StGB die Pflicht hat, in Notlagen Hilfe zu leisten und damit in diesem Fall dem Hingefallenen aufzuhelfen hat.

Da dann der Geschäftsführer einer seinem eigenen Rechtskreis entspringenden Pflicht nachkommen würde, wäre die Fremdheit des Geschäfts zu verneinen. Somit wären die Regelungen der GoA nicht anwendbar.[21] Nach h.M. steht diese Überlegung dem Anspruch aus der GoA nicht entgegen,[22] denn es gibt keine sonstige Regelung, die den Ersatz von Aufwendungen abschließend klärt und damit die GoA ausschließen würde.[23] Da § 323c StGB gerade bewirken soll, dass Hilfe geleistet wird, kann diese Norm für den Helfer keine Rechtseinbußen verursachen. Deshalb ist das Geschäft für D objektiv fremd.

Vgl. zur Weite des Begriffs der Geschäftsführung Medicus, Gesetzliche Schuldverhältnisse, S. 165, 169.

[20] Vgl. PWW/ *Fehrenbacher,* § 677, Rn. 12.

[21] Vgl. Medicus, Gesetzliche Schuldverhältnisse, S. 169.

[22] Vgl. Musielak, Grundkurs BGB, Rn. 684 und zum Verhältnis der GoA zu Rechtspflichten Rn. 692.

[23] Vgl. Musielak, Grundkurs BGB, Rn. 684.

3. Fremdgeschäftsführungswille

D müsste mit dem Willen gehandelt haben, ein Geschäft für einen anderen und nicht für sich selbst zu besorgen. Der Fremdgeschäftsführungswille wird beim objektiv fremden Geschäft vermutet, hier spricht nichts gegen dessen Annahme.[24] Somit liegt Fremdgeschäftsführungswille vor.

4. Ohne Auftrag oder sonstige Berechtigung

D müsste ohne Auftrag oder sonstige Berechtigung gehandelt haben. D und H haben keinen Vertrag über die Hilfe beim Wiederaufstehen geschlossen, weder ausdrücklich noch konkludent. Es ergibt sich auch keine Berechtigung in diesem Sinne aus § 323c StGB.[25] D handelte deshalb ohne Auftrag oder sonstige Berechtigung.

Hinweis: Dieses **negative Tatbestandsmerkmal** macht in der Fallbearbeitung keine Schwierigkeiten, man muss nur darauf achten, dass kein Vertragsschluss vorliegt und keine gesetzlichen Bestimmungen, z.B. § 1626 oder § 1793, eine Berechtigung ergeben. Liegt zwar ein Vertrag vor, ist dieser aber nichtig, so kann nach Ansicht der h.M. nicht auf die Regeln der GoA zurückgegriffen werden, vielmehr sollen dann die §§ 812 ff. Vorrang haben.[26]

5. Wille und Interesse

D müsste mit Willen und Interesse des H gehandelt haben. H war noch ganz benommen, als ihm D auf die Beine half. Seinen Willen hat er deshalb nicht ausdrücklich geäußert. Allerdings entsprach es seinem mutmaßlichen Willen, dass ihm wieder auf die Beine geholfen würde. Es stellt sich allerdings die Frage, welche Auswirkungen die Minderjährigkeit des D auf seinen Anspruch hat.

---

[24] Vgl. dazu Musielak, Grundkurs BGB, Rn. 685 mit Ausführungen zum „Auch-fremden-Geschäft".
[25] Vgl. Palandt-*Sprau*, § 677 Rn. 11.
[26] Vgl. Einsele, JuS 1998, S. 401 ff. mit einer Auseinandersetzung mit der vom BGH vertretenen Gegenansicht.

a) Eine Ansicht

Nach einer Ansicht soll ein solcher Anspruch nur bestehen, wenn die Zustimmung der gesetzlichen Vertreter vorliegt, weil die GoA eine geschäftsähnliche Handlung ist, welche die entsprechende Anwendung der §§ 104 ff. erfordert.[27] Damit könnte bei Geschäftsunfähigen überhaupt nicht auf die Regeln der GoA zurückgegriffen werden. Die Eltern des D, die gemäß § 1629 I seine gesetzlichen Vertreter sind, waren vom Verhalten ihres Sohnes begeistert. Sie haben gemäß § 184 I die GoA genehmigt. Ein Anspruch des D kommt hiernach in Betracht.

b) Andere Ansicht

Nach anderer, wohl herrschender Meinung,[28] hat ein beschränkt Geschäftsfähiger den Aufwendungsersatzanspruch gemäß § 683 S. 1, weil es sich bei der GoA um überwiegend tatsächliches Verhalten handelt. Für die Übernahme der GoA sind die §§ 104 ff. deswegen nicht anwendbar,[29] zudem sei der beschränkt Geschäftsfähige durch § 682 ausreichend geschützt.[30] Der beschränkt Geschäftsfähige hat danach schon einen Anspruch auf Aufwendungsersatz, wenn die Voraussetzungen der GoA vorliegen. Auch nach dieser Ansicht kommt ein Anspruch von D gegen H in Betracht. Beide Meinungen kommen hier zum selben Ergebnis, womit ein Streitentscheid entfallen kann.

6. Ersatz der Aufwendungen

D hat grundsätzlich einen Anspruch auf Aufwendungsersatz. Es müsste sich deshalb bei den geltend gemachten 288,86 Euro um Aufwendungen i.S.d. § 670 handeln. Aufwendungen sind jedenfalls alle freiwilligen Vermögensopfer. Zumindest bei den Kosten für die Verschmutzung der Kleidung handelt es sich jedoch um einen klassischen Schaden, also

---

[27] Vgl. Musielak, Grundkurs BGB, Rn. 693.
[28] Palandt-*Sprau*, § 682 Rn. 1; Musielak, Grundkurs BGB, Rn. 693.
[29] Palandt-*Sprau*, Einf v § 677 Rn. 2.
[30] Vgl. Brox, Besonderes Schuldrecht, § 35 Rn. 33.

um eine unfreiwillige Vermögenseinbuße.[31] Allerdings wird ein Schaden nach herrschender Meinung dann im Rahmen der GoA analog § 670 ersetzt, wenn es sich bei dem Schaden um einen risikotypischen handelt,[32] aber nicht, wenn der Schaden nur Ausdruck des allgemeinen Lebensrisikos ist.[33] Erforderlich ist zudem, dass das entsprechende Vermögensopfer notwendige Folge der Ausführung war. Die Verschmutzung der Kleidung ist als risikotypischer Schaden der Nothilfeleistung anzusehen, der hier nicht zu vermeiden war und deshalb analog § 670 zu ersetzen.

7. Ergebnis

D hat gegen H gemäß §§ 677, 683 S. 1, 670 einen Anspruch auf Zahlung von insgesamt 288,86 Euro.

---

[31]   Vgl. Medicus, Gesetzliche Schuldverhältnisse, S. 178.
[32]   Vgl. Hk-BGB/ *Schulze,* § 683 Rn. 8.
[33]   Vgl. PWW/ *Fehrenbacher,* § 683 Rn. 9.

Fall 4: Geschäfte auf dem Rücken der Pferde

▸ **Standort:** BGB Schuldrecht BT, GoA

Um die Zeit bis zum Referendariat zu überbrücken, nutzt Johnny (J) die neue Bekanntschaft zu Florian Fohlen (F) und verdingt sich auf dessen Hof als Stallbursche. Dabei ist er auf ausdrückliche Weisung des F nur für das Ausmisten der Ställe zuständig. Dennoch lässt J die Kinder der Umgebung, die regelmäßig mit ihren Eltern zum Ponystreicheln auf dem Hof des F erscheinen, ohne Wissen des F gegen ein Entgelt auf den Tieren reiten. J weiß nicht, dass eines der Tiere, nämlich die fünfjährige Sischu, wegen einer nicht erkennbaren Konstitutionsschwäche keine schweren Lasten tragen darf. Nachdem ein übergewichtiges Kind auf Sischu geritten ist, lahmt diese und muss in einem Pferdesanatorium behandelt werden. Als F von der ganzen Sache Wind bekommt, jagt er den J vom Hof und fordert von ihm das eingenommene Geld sowie Ersatz der Behandlungskosten für das Pony. Kann F das aus GoA? Was ist, wenn J das eingenommene Geld komplett in der Dorfkneipe durchgebracht hat?

Anspruch des M gegen F aus §§ 687 II, 681 S. 1, 667 und §§ 687 II, 678
1. Führung eines fremden Geschäfts
2. Ohne Auftrag oder sonstige Berechtigung
3. Wissen um Nichtberechtigung
4. Eigengeschäftsführungswille
5. Rechtsfolge

Anspruch des F gegen J auf die Einnahmen gemäß §§ 687 II, 681 S. 2, 667 und auf die Behandlungskosten gemäß §§ 687 II, 678

1. Führung eines fremden Geschäfts

Indem J den Kindern die Ponys des F zum Reiten vermietete, besorgte er ein objektiv fremdes Geschäft. Die Ponys standen im Eigentum des F, weshalb die Vermietung der Tiere seinem Rechtskreis unterfiel.

2. Ohne Auftrag oder sonstige Berechtigung

J handelte ohne Berechtigung oder Auftrag des F. An eine eventuell aus seinem Verhältnis als Stallknecht abzuleitende Berechtigung ist wegen des zumindest konkludenten Verbots des F nicht zu denken. Zudem träten dann die Regelungen der GoA hinter vertraglichen Ansprüchen zurück.

3. Wissen um Nichtberechtigung

Zu prüfen ist, ob J positiv wusste, dass er zur Führung dieses fremden Geschäfts nicht berechtigt war. Positives Bewusstsein umfasst nach § 687 II die positive Kenntnis der Fremdheit.[34] Da er die strikte Weisung des F hatte, sich allein um das Ausmisten der Stallungen zu kümmern, wusste er, dass er nicht berechtigt war, die Ponys des F zu vermieten. J handelte mit positivem Bewusstsein der Fremdheit.

4. Eigengeschäftsführungswille

J müsste auch mit Eigengeschäftsführungswillen gehandelt haben. Darunter versteht man im Gegensatz zum Fremdgeschäftsführungswillen den Willen, das Geschäft zum eigenen Vorteil auszuführen.[35] J vermietete die Ponys nur, um das Entgelt für sich einzustreichen. Damit liegt eine angemaßte Eigengeschäftsführung vor.

---

[34]   Vgl. Hk-BGB/ *Schulze,* § 687 Rn. 3.
[35]   Vgl. PWW/ *Fehrenbacher,* § 687 Rn. 5.

5. Rechtsfolge

Bei der angemaßten Eigengeschäftsführung kann der Geschäftsherr die Vorteile des Geschäfts gemäß §§ 687 II, 681 S. 2, 667 an sich ziehen und das Erlangte herausverlangen oder Schadenersatz verlangen nach §§ 687 II, 678. Der Geschäftsherr kann neben dem § 687 II das Delikts- und Bereicherungsrecht anwenden, nach der herrschenden Meinung sogar das EBV.[36] Deshalb hat F einen Anspruch auf Herausgabe der Einnahmen aus der Vermietung seiner Ponys gemäß §§ 687 II S. 1, 681 S. 2, 667. J kann sich hier nicht auf Entreicherung berufen, anders als bei dem auch anwendbaren §§ 816 I, 818 III. Insofern könnte er etwa nicht geltend machen, dass er das Geld durchgebracht habe.

Außerdem hat J dem F gemäß §§ 687 II S. 1, 678 die Behandlungskosten zu ersetzen. Hierbei ist zu beachten, dass der F diesen Schadenersatzanspruch gegen den J auch ohne dessen Vertretenmüssen hat. Im Gegensatz zu den Ansprüchen, die dem F gegen J aus § 280 und § 611 erwachsen, kommt es bei der angemaßten Eigengeschäftsführung überhaupt nicht auf ein Vertretenmüssen des Geschäftsführers an. Gleiches gilt für das Deliktsrecht.

---

[36] Vgl. Peifer, Gesetzliche Schuldverhältnisse, § 14 Rn. 2 ff. mit einer ausführlichen Auseinandersetzung bzgl. des EBV.

Aufbauhinweis: In § 687 unterscheidet man verschiedene Rechtsfolgen der so genannten „**unechten GoA**":

Der § 687 kennt sowohl die angemaßte (§ 687 II) als auch die unbewusste Fremdgeschäftsführung (§ 687 I). Bei der irrtümlichen Führung eines objektiv fremden Geschäfts, § 687 I, sind keine weiteren Folgen vorgesehen.

Beiden Varianten ist gemein, dass

1. ein **objektiv fremdes Geschäft** vorliegt (§§ 677, 687),

2. das **ohne Auftrag** oder positive Berechtigung (§ 677) erfolgte.

Bei der Geschäftsanmaßung ist dem Geschäftsführer die **Fremdheit** aber **positiv bewusst** (§ 687 II), während bei der unbewussten Fremdgeschäftsführung der Geschäftsführer, wie der Name schon sagt, **ohne Bewusstsein der Fremdheit** (vgl. § 687 I) handelt.

Das Geschäft muss ferner bei beiden Varianten **mit Eigengeschäftsführungswillen** geführt werden.

Fall 5: Die feurige Kuh

▸ **Standort:** BGB Schuldrecht BT, Deliktsrecht

Lehrer Lüdtke (L) kommt vom Bauernhof und liebt Kühe. Er sammelt alles, was auch nur entfernt nach seinem Lieblingstier aussieht. Als er in einem Nippesladen einen Zimmerspringbrunnen Modell „Claudia" entdeckt, bei dem eine Kuh auf den Hinterbeinen steht, aus deren Hörnern Wasser läuft, ist er sofort verliebt und erwirbt das seltene Einzelstück für 150 Euro. Dem Verkäufer Vladislaw Vogelbeere (V), der den Zimmerspringbrunnen verpackt, fällt aus Unachtsamkeit nicht auf, dass die Schalteinheit, welche die Wasserzufuhr reguliert, defekt ist. Dies kann bei längerer, aber doch üblicher Laufzeit des Brunnens zu einem Kurzschluss führen. Dieses Teil im Wert von 5 Euro hätte V einfach austauschen können. Der Zimmerspringbrunnen läuft die nächsten 30 Monate zur täglichen Freude des L tadellos. Doch als „Claudia" anlässlich einer großen Feier über mehrere Tage im Dauerbetrieb läuft, kommt es zum Kurzschluss. Infolgedessen wird nicht nur die Schalteinheit zerstört, sondern L muss unter Tränen zusehen, wie der Brunnen sogar Feuer fängt und vernichtet wird. Als er wütend von V sein Geld zurückverlangt, verweist dieser auf die Verjährung der Gewährleistungsrechte und verweigert so eine Erstattung des Kaufpreises. Kann L auf andere Weise Schadensersatz bekommen?

Abwandlung: Der Mangel beruht auf einem fahrlässig begangenen Fehler bei der Fabrikation. Die Kuh explodiert infolge der mangelhaften Schalteinheit und verletzt L so schwer, dass er seinen Beruf auf Dauer nicht mehr ausüben kann.

Wie kann L gegen den Hersteller Habenichts (H) des Brunnens vorgehen?

I. Anspruch des L gegen V gemäß § 823 I
1. Rechtsgutsverletzung
2. Verletzungshandlung
3. Haftungsbegründende Kausalität
4. Rechtswidrigkeit
5. Verschulden
6. Schaden und haftungsausfüllende Kausalität
7. Verjährung
8. Ergebnis

II. Anspruch des L gegen H gemäß § 1 I 1 ProdHaftG
1. Aktivlegitimation
2. Passivlegitimation
3. Haftungstatbestand
a) Produktfehler
b) Verletzung eines Rechtsguts gemäß § 1 I 1 ProdHaftG
c) Kausalität nach § 1 IV ProdHaftG
d) Kein Haftungsausschluss
4. Rechtsfolge, Ergebnis

III. Anspruch des L gegen H gemäß § 823 I
1. Rechtsgutsverletzung
2. Verletzungshandlung und haftungsbegründende Kausalität
3. Rechtswidrigkeit
4. Verschulden
5. Schaden und haftungsausfüllende Kausalität
6. Rechtsfolge

I. Anspruch des L gegen V gemäß § 823 I

L könnte gegen V gemäß § 823 I einen Anspruch auf Schadenersatz in Höhe des Wertes des Zimmerspringbrunnens haben.

1. Rechtsgutsverletzung

Es müsste ein Rechtsgut des L verletzt worden sein. In Betracht kommt hier das Eigentum des L. Ob aber eine Eigentumsverletzung in der Lieferung einer mangelhaften Kaufsache vorliegt, wenn der Mangel zunächst nur ein Teilstück betrifft, später aber zur Zerstörung der Sache führt, ist umstritten. Man spricht in diesen Fällen vom „weiterfressenden Mangel".[37]

---

[37] Vgl. Brox/ Walker, Besonderes Schuldrecht, § 41 Rn. 6.

28

Grundsätzlich ist das Deliktsrecht vom Vertragsrecht zu trennen. Die Lieferung einer mangelhaften Sache fällt eigentlich in den Bereich des Sachmängelgewährleistungsrechts, sodass schon wegen der Vertragsverletzung ein die Interessen des Käufers grundsätzlich wahrender Anspruch besteht.[38]

Da aber das Vertragsrecht nicht immer tatsächlich dazu führt, dass der Geschädigte seinen Schaden ersetzt bekommt (z.B. wegen Verjährung), hat die Rechtsprechung Kriterien entwickelt, nach denen eine Eigentumsverletzung bei Lieferung einer mangelhaften Sache anzunehmen ist und somit der § 823 I Anwendung finden kann.[39]

Die Lieferung einer mangelhaften Sache allein stellt deswegen noch keine Eigentumsverletzung dar, weil insgesamt betrachtet nie mangelfreies Eigentum erworben wurde. Es ist für die Bejahung einer Eigentumsverletzung[40] darauf abzustellen, ob nur das Äquivalenzinteresse des Käufers, das allein das Vertragsrecht schützt, betroffen ist oder aber das Integritätsinteresse, das durch das Deliktsrecht geschützt wird.[41]

Eine Beeinträchtigung des Integritätsinteresses und damit eine Eigentumsverletzung liegt dann vor, wenn der Schaden an der ganzen Sache nicht mit dem Mangelunwert „stoffgleich" ist,[42] also: wenn der Minderwert der betreffenden Sache aufgrund des Sachmangels nicht identisch ist mit dem Schaden, der in der Zerstörung der gesamten Sache liegt.

---

[38] Zur Konkurrenz des Vertrags- zum Deliktsrecht s. Hk-BGB/ *Staudinger,* Vor §§ 823-853, Rn. 13.

[39] Vgl. zur Entwicklung der Rechtsprechung und ausführlich zu den bekannten Fällen Peifer, Gesetzliche Schuldverhältnisse, § 3 Rn. 28 ff.

[40] Vgl. Brox/ Walker, Besonderes Schuldrecht, § 41 Rn. 6.

[41] Vgl. PWW/ *Schaub,* § 823 Rn. 39.

[42] Vgl. PWW/ *Schaub,* § 823 Rn. 42.

Das **Äquivalenzinteresse** ist das Interesse des Käufers daran, dass das Wertverhältnis zwischen seiner Leistung (Kaufpreiszahlung) und der Gegenleistung einander entspricht. Dies ist bei einer mangelhaften Sache aber gestört, denn er hat dann einen zu hohen Preis bezahlt.[43] Ein Grund dafür, das Deliktsrecht hier anzuwenden, ist jedoch wegen der gesetzlichen Regelungen zum Vertrag (§§ 434 ff.) nicht ersichtlich.
Das **Integritätsinteresse** ist das Interesse an dem Erhalt der Integrität der Sachen, die im Eigentum des Käufers stehen. Es ist verletzt, wenn die Sache beschädigt oder zerstört wird. Man trennt dabei das fehlerhafte Element einer Sache vom Rest des Gegenstandes, zu dem es gehört. Das setzt voraus, dass solch eine Trennung tatsächlich möglich ist.

Hier betraf der Mangelunwert nur das fehlerhafte und austauschbare Teil im Wert von 5 Euro. Der Gesamtschaden liegt aber bei dem Gesamtwert der untergegangenen Sache, der sich auf 150 Euro beläuft. Demnach hat die defekte Schalteinheit durch ihr Versagen einen weiterfressenden Schaden an dem ganzen Zimmerspringbrunnen verursacht. Eine Eigentumsverletzung liegt damit vor.

Hinweis: Vor allem in Hausarbeiten kommt es zumeist in erster Linie darauf an, die Problematik des weiterfressenden Mangels überhaupt zu sehen und zu diskutieren. Deswegen kann man sich auch mit entsprechenden Argumenten gegen die Rechtsprechung wenden und einen Weiterfresserschaden bzw. eine Eigentumsverletzung ablehnen.

2. Verletzungshandlung
Es muss auch eine Verletzungshandlung des V vorliegen. Diese könnte zum einen in der Lieferung der mangelhaften Sache gesehen werden, also in einem positiven Tun. Doch stellt der BGH bei solch gelagerten Fällen auf ein Unterlas-

---

[43] Vgl. Medicus, Grundwissen zum Bürgerlichen Recht, Rn. 189.

30

sen ab. Ein Unterlassen ist nur dann eine Verletzungshandlung, wenn dadurch eine Pflicht verletzt wird.

Da es keine allgemeine Pflicht zur Abwehr von Schäden gibt, muss eine Rechtspflicht zum Tätigwerden verletzt werden, wobei der Anspruchsgegner tatsächlich in der Lage sein muss, die Rechtsgutsverletzung abzuwenden.[44]

Derjenige, der Produkte in den Verkehr bringt, setzt damit Gefahren für die Allgemeinheit und hat die Pflicht, solche Gefahren zu vermeiden.[45] Hier hatte der V dafür zu sorgen, dass der Zimmerspringbrunnen keine Gefahr darstellte. Er hätte deswegen den Gegenstand sorgfältig untersuchen müssen, wozu er auch in der Lage war. Da er das aus Unachtsamkeit nicht tat, verletzte er die genannte Pflicht.

3. Haftungsbegründende Kausalität

Das Unterlassen des V muss auch kausal für die Rechtsgutsverletzung gewesen sein. Dies liegt vor, die Pflichtverletzung des V führte adäquat-kausal zur Eigentumsverletzung.

4. Rechtswidrigkeit   ✓ und nicht indiziert

Bei Unterlassen ist die Rechtswidrigkeit besonders festzustellen. Die Rechtswidrigkeit liegt dabei genau darin, dass gegen die Handlungspflicht verstoßen wurde. Hier hat V gegen die Untersuchungspflicht verstoßen. Es sind keine Rechtfertigungsgründe ersichtlich. V handelte rechtswidrig.

5. Verschulden

V müsste schuldhaft gehandelt haben. Laut Sachverhalt war der V unachtsam, er handelte damit fahrlässig. Ein Verschulden ist zu bejahen.

---

[44]   Vgl. Hk-BGB/ *Staudinger*, § 823 Rn. 56.
[45]   Vgl. Peifer, Gesetzliche Schuldverhältnisse, § 3 Rn. 32.

6. Schaden und haftungsausfüllende Kausalität

L müsste ein Schaden entstanden sein. Hier wurde der Zimmerspringbrunnen des L im Wert von 150 Euro zerstört, womit dieser Betrag den Schaden des L ausmacht. Die Rechtsgutverletzung war auch adäquat-kausal für den Schaden.

Beachte: Sofern der Sachverhalt keine weiteren Angaben über den Wert einer Sache macht, ist dieser als Schadenshöhe festzusetzen. Handelt es sich bei der zerstörten Sache um einen Gegenstand, der schnell an Wert verliert, etwa ein Neuwagen oder ein elektronisches Gerät, sollte dieser Wertverlust allerdings zumindest kurz angesprochen werden.

---

7. Verjährung

Fraglich ist, ob der Verjährungseinwand, den V zu Recht aus dem Vertrag mit L geltend macht (vgl. § 438 I Nr. 3), auf den deliktischen Anspruch durchgreift. Wenn der Mangelunwert und die spätere Verletzung des Eigentums im Wert stark auseinander fallen und damit nicht „stoffgleich" sind, so ist, wie hier ausgeführt, ein sog. „Weiterfresserschaden" und damit eine eigene Deliktshandlung gegeben. Deswegen ist hierfür auch nur die Verjährungsfrist des Deliktsrechts maßgeblich.[46] Die Verjährungsfrist berechnet sich gemäß § 199. Danach ist der Anspruch des L hier noch nicht verjährt.

8. Ergebnis

L hat gegen V einen Anspruch gemäß § 823 I auf Schadenersatz für den zerstörten Zimmerspringbrunnen.

---

[46] Vgl. Peifer, Gesetzliche Schuldverhältnisse, § 3 Rn. 33.

II. Anspruch des L gegen H gemäß § 1 I 1 ProdHaftG

L könnte gegen H einen Anspruch gemäß § 1 I 1 ProdHaftG auf Schadenersatz haben.

1. Aktivlegitimation[47]
L müsste aktiv legitimiert sein. Bei der Haftung nach dem ProdHaftG ist der Geschädigte klageberechtigt. Dies ist L.

2. Passivlegitimation
Die Frage ist, gegen wen sich der Anspruch richtet. H ist hier Hersteller des Gegenstandes und damit nach § 4 I 1 ProdHaftG Anspruchsgegner. Würde H im Ausland niedergelassen sein, käme auch der Importeur nach § 4 II ProdHaftG oder hilfsweise auch der Lieferant gemäß § 4 III ProdHaftG als Anspruchsgegner in Betracht.

3. Haftungstatbestand
Der Haftungstatbestand des ProdHaftG müsste vorliegen.

a) Produktfehler
Die Haftung nach dem ProdHaftG setzt zunächst voraus, dass ein Produktfehler vorliegt. Der Kuhspringbrunnen ist hier ein Produkt i.S.d. § 2 ProdHaftG. Ein Produktfehler liegt vor, wenn das Produkt nicht die Sicherheit bietet, die unter Berücksichtigung des Gebrauchs, mit dem billigerweise zu rechnen ist, durch den Käufer berechtigterweise erwartet werden kann, § 3 I b ProdHaftG. Der Zimmerspringbrunnen wurde sachgemäß in Gebrauch genommen und durfte nach der berechtigten Erwartung eines Käufers nicht zu Schäden führen. Ein Produktfehler liegt damit vor.

b) Verletzung eines Rechtsguts gemäß § 1 I 1 ProdHaftG
Durch den Produktfehler muss ein persönliches Rechtsgut des Käufers verletzt worden sein. Damit scheidet eine Haf-

---

[47] Um den Eindruck einer prozessualen Bearbeitung zu vermeiden, sollte in Arbeiten von Anspruchsinhaber bzw. –gegner gesprochen werden.

tung aus, wenn lediglich das Äquivalenzinteresse verletzt worden ist. Hier wurde der L an Körper und Gesundheit verletzt, das Tatbestandsmerkmal liegt damit vor.

c) Kausalität nach § 1 IV ProdHaftG

Zwischen dem Produktfehler und dem Ereignis, das den Schaden herbeiführt, muss ein kausaler Zusammenhang bestehen. Der ist hier gegeben. Der Produktfehler verursachte die Explosion, die den Schaden herbeiführte.

Hinweis: Bei diesem Prüfungspunkt muss der Sachverhalt genau beachtet werden, denn die Kausalität hat der Geschädigte zu beweisen!

---

d) Kein Haftungsausschluss

Es darf kein Haftungsausschluss nach § 1 II oder § 1 III ProdHaftG vorliegen. Das Vorliegen eines Haftungsausschlusses hat der Hersteller zu beweisen. Weder lag vorliegend der Fehler darin, dass mehrere Produkte zusammengefügt werden mussten (§ 1 III ProdHaftG) noch kann der H nachweisen, dass der Zimmerspringbrunnen seinen Betrieb fehlerlos verlassen hat (§ 1 II Nr. 2 ProdHaftG). Weitere mögliche Haftungsausschlüsse sind ebenfalls nicht ersichtlich. Ein Haftungsausschluss liegt hier also nicht vor.

4. Rechtsfolge/Ergebnis

Nach § 8 ProdHaftG ist bei einer Verletzung des Körpers oder der Gesundheit neben den Heilungskosten auch der Schaden zu ersetzen, der durch die dauerhafte oder auch nur zeitweise Erwerbsunfähigkeit entsteht. Dieser Schaden ist gemäß § 9 I ProdHaftG in einer Geldrente zu zahlen. Zudem wird Schmerzensgeld geschuldet. L hat damit gegen H einen Anspruch gemäß § 1 I 1 ProdHaftG auf Schadenersatz in dem erörterten Umfang sowie auf Schmerzensgeld.

III. Anspruch des L gegen H gemäß § 823 I

L könnte gegen H einen Anspruch gemäß § 823 I auf Schadenersatz haben.

1. Rechtsgutverletzung

Ein Rechtsgut des L müsste verletzt worden sein. Gesundheit und Körper des L wurden verletzt.

2. Verletzungshandlung und haftungsbegründende Kausalität

Zu prüfen ist, inwiefern der Hersteller die Rechtsgutsverletzung verursacht hat. Allein das bloße Inverkehrbringen des Produkts kommt hier mangels Verbotes solchen Verhaltens nicht in Betracht. Bei der Produzentenhaftung i.R.d. § 823 I muss zum Inverkehrbringen vielmehr eine Pflichtverletzung hinzukommen:

In Betracht kommen dabei fünf Fehler, die aus dem Organisationsbereich des Produzenten stammen und deren jeweiliges Vorliegen ein zurechenbares Unterlassen begründen:[48] Bei einem **Konstruktionsfehler** liegt die Verletzungshandlung in der fehlerhaften Planung und Konzeption des Produkts.[49] Ein **Instruktionsfehler** stellt dann eine Verletzungshandlung dar, wenn in der Gebrauchsanleitung oder auf dem Produkt ein Warnhinweis fehlt.[50] Beim **Produktbeobachtungsfehler** wird die Verletzungshandlung darin gesehen, dass nach Bekanntwerden von Fehlern oder Risiken keine Warnungen erfolgten.[51] Der **Entwicklungsfehler** begründet bei Nichtbeachtung technisch möglicher und erkennbarer Vorkehrungen gegen Entwicklungsfehler eine Verletzungshandlung. Die Verletzungshandlung bei einem **Fabrikationsfehler** liegt in der unzureichenden Organisation und Kontrolle bei der Herstellung.[52]

---

[48] Dazu vgl. Peifer, Gesetzliche Schuldverhältnisse, § 6 Rn. 19.
[49] BGHZ 67, 359, 362.
[50] BGHZ 80, 186, 197.
[51] BGHZ 80, 199, 202.
[52] BGHZ 104, 323, 330.

Ein Fehler im letztgenannten Sinn liegt hier vor.

3. Rechtswidrigkeit
Die Rechtswidrigkeit liegt hier auch vor.

4. Verschulden
H müsste schuldhaft gehandelt haben. Das wird zugunsten des Geschädigten beim Inverkehrbringen fehlerhafter Produkte vermutet, der Hersteller hat entsprechend den Gegenbeweis zu erbringen,[53] wobei je nach Verletzungshandlung die Vermutung eingeschränkt ist.[54] H handelte laut Sachverhalt fahrlässig und damit schuldhaft.

5. Schaden und haftungsausfüllende Kausalität
Der Schaden des L wurde bereits festgestellt. Zwischen Rechtsgutsverletzung und Schaden bestand auch ein adäquat-kausaler Zusammenhang.

6. Rechtsfolge
L hat gegen H einen Anspruch gemäß § 823 I auf Ersatz der Behandlungskosten nach § 249 II sowie auf eine Geldrente nach § 843. Außerdem kann L von H ein Schmerzensgeld gemäß § 253 II verlangen.

Beachte: Zwar kommen hier in Bezug auf H beide Anspruchsgrundlagen zu gleichen Ergebnissen, doch ist die Prüfung des § 1 I 1 ProdHaftG mit weniger Schwierigkeiten behaftet. In Klausuren und Hausarbeiten sind bei entsprechendem Sachverhalt beide Anspruchsgrundlagen zu prüfen. In Hinblick auf die Bearbeitung des § 823 I ist dabei auf die Beweislast des Produzenten gegebenenfalls genauer einzugehen.

---

[53] Vgl. Peifer, Gesetzliche Schuldverhältnisse, § 6 Rn. 21.
[54] Vgl. Peifer, Gesetzliche Schuldverhältnisse, § 6 Rn. 19.

Fall 6: Freitag, der 13.

▶ **Standort:** BGB Schuldrecht BT, Deliktsrecht

Der rücksichtslose Hilmar Holland (H) ist ein ungeduldiger Autofahrer. Ständig überschreitet er mit seinem Sportwagen die zulässige Höchstgeschwindigkeit. So fährt er auch wieder am Freitag, dem 13.08., viel zu schnell durch seine Heimatstadt. An einer Kreuzung kann er infolge überhöhter Geschwindigkeit nicht mehr rechtzeitig bremsen, als die Ampel auf rot umschaltet. H streift deshalb die schwangere Susanne Sorgenreich (S) leicht mit dem Auto und bringt sie dadurch zu Fall. S verletzt sich durch den Sturz am Bein und muss für einige Zeit ins Krankenhaus. Es entstehen Behandlungskosten i.H.v. 1.010,83 Euro. Viel schlimmer ist für sie allerdings, dass ihr ungeborenes Kind auch Verletzungen davon trägt. Zum Glück wird Jonas (J) doch noch zum vorbestimmten Zeitpunkt geboren. Allerdings hat er infolge des Unfalls in den ersten Lebensjahren einige Operationen über sich ergehen zu lassen, die ihrerseits Behandlungskosten i.H.v. 17.381 Euro verursachen. Danach sind alle Unfallfolgen allerdings beseitigt und J kann ein unbeschwertes Leben führen.

Dies ist nicht das einzige schlimme Ereignis an diesem Freitag. Der etwas zu gutgläubige Philbert Phelep (P) erfährt an diesem Tag, was er seit einiger Zeit schon geahnt hat. Der Makler Maik Mogler (M) hat ihn beim Kauf seiner Eigentumswohnung um 61.181 Euro geprellt. Denn die Wohnung ist, was auf den ersten Blick nicht erkennbar war, vollständig mit Schimmel durchsetzt und muss umfassend saniert werden. Sie ist deswegen unbewohnbar. M hatte bei den Verkaufsverhandlungen mehrfach ausdrücklich versichert, dass mit der Wohnung alles in Ordnung sei, obwohl er sich überhaupt nicht informiert hatte. M hielt allerdings den Eintritt solcher Komplikationen für äußerst unwahrscheinlich, da der Schimmel selbst für geschulte Laien nicht erkennbar war. M hoffte inständig, dass P darum nichts finden würde.

1. S möchte von H Ersatz für die Behandlungskosten durch die OP und Schmerzensgeld. J begehrt Ersatz der Behandlungskosten und Schmerzensgeld von H. Haben beide die geltend gemachten Ansprüche schon aus Delikt? Das StVG ist nicht zu prüfen.
2. Hat P einen Anspruch gemäß § 826 gegen M?

I. Anspruch der S gegen H gemäß § 823 I
1. Rechtsgutsverletzung
2. Verletzungshandlung
3. Haftungsbegründende Kausalität
4. Rechtswidrigkeit
5. Verschulden
6. Schaden und haftungsausfüllende Kausalität
7. Ergebnis

II. Anspruch der S gegen H gemäß §§ 823 I, 253
1. Schadenersatzpflicht wegen Körperverletzung
2. Ergebnis

III. Anspruch der S gegen H gemäß § 823 II i.V.m. § 229 StGB
1. Verletzung eines Schutzgesetzes
2. Rechtswidrigkeit
3. Verschulden
4. Schaden und haftungsausfüllende Kausalität
5. Ergebnis

IV. Anspruch des J gegen H gemäß § 823 I
1. Rechtsgutsverletzung
2. Verletzungshandlung und haftungsbegründende Kausalität
3. Rechtswidrigkeit/Verschulden
6. Schaden und haftungsausfüllende Kausalität
7. Ergebnis

V. Anspruch des P gegen M gemäß § 826
1. Schaden
2. Vorsätzliche, sittenwidrige Schädigung
3. Ergebnis

I. Anspruch der S gegen H gemäß § 823 I

S könnte gegen H gemäß § 823 I einen Anspruch auf Schadenersatz i.h.v. 1010,83 Euro für die OP-Kosten haben.

1. Rechtsgutsverletzung

Es müsste dafür eine Rechtsgutsverletzung vorliegen. Es liegt hier eine Körper– bzw. Gesundheitsverletzung vor, denn S hat sich am Bein und auch innerlich verletzt.

Beachte: Da sich Körper- und Gesundheitsverletzung selten ganz auseinander halten lassen und es auf die Abgrenzung wegen der gleichen Rechtsfolgen nicht entscheidend ankommt, sollte nicht zuviel Gewicht auf die Trennung gelegt werden. Bei der Körperverletzung wird die Integrität des Körpers verletzt, bei der Gesundheitsverletzung werden innere (sowohl physische als auch psychische) Vorgänge gestört.[55]

2. Verletzungshandlung

Es müsste eine Verletzungshandlung vorliegen. Die Verletzungshandlung ist darin zu sehen, dass H die S mit dem Auto streift.

3. Haftungsbegründende Kausalität

Die Verletzungshandlung müsste kausal für die Rechtsgutsverletzung gewesen sein. Das Anfahren mit dem Auto ist nicht hinwegzudenken, ohne dass die Verletzung des Beins entfiele. Die Verletzungshandlung von H ist deshalb äquivalent kausal für die Rechtsgutsverletzung. Außerdem lag es auch nicht außerhalb jeglicher Wahrscheinlichkeit, dass durch das Anfahren die S verletzt werden würde, adäquate Kausalität lag damit auch vor. Zudem ist hier auch der Schutzzweck der Norm erfüllt.

4. Rechtswidrigkeit

Da keine Rechtsfertigungsgründe ersichtlich sind, handelte der H auch rechtswidrig.

---

[55] Vgl. Musielak, Grundkurs BGB, Rn. 747.

5. Verschulden

H müsste die Rechtsgutsverletzung verschuldet haben. Maßstab hierfür bildet § 276. H fuhr zu schnell. Er ließ deshalb die im Verkehr erforderliche Sorgfalt außer Acht. Er handelte fahrlässig nach § 276 II. Er hat die Rechtsgutsverletzung deshalb verschuldet.

6. Schaden und haftungsausfüllende Kausalität

S müsste einen Schaden erlitten haben. Nach der Differenzhypothese ergibt sich für S ein Schaden i.H.v. 1010,83 Euro. Dieser ist auch durch die Rechtsgutsverletzung äquivalent und adäquat kausal verursacht worden und wird von dem Schutzzweck der Norm gedeckt. Die haftungsausfüllende Kausalität ist damit zu bejahen.

7. Ergebnis

S hat gegen H gemäß § 823 I einen Anspruch auf Zahlung von 1010,83 Euro.

II. Anspruch der S gegen H gemäß §§ 823 I, 253 II

S könnte gegen H gemäß §§ 823 I, 253 II einen Anspruch auf Schmerzensgeld haben.

1. Schadenersatzpflicht wegen Körperverletzung

Grundsätzlich kann gemäß § 253 I für einen Nichtvermögensschaden nur Entschädigung in Geld gefordert werden, wenn dies gesetzlich ausdrücklich normiert ist. Nach § 253 II kann dann eine Entschädigung in Geld gefordert werden, wenn Schadenersatz wegen einer Körperverletzung zu leisten ist. Dies ist hier der Fall.

2. Ergebnis

S hat gegen H gemäß §§ 823 I, 253 II einen Anspruch auf Zahlung eines Schmerzensgeldes.

40

III. Anspruch der S gegen H gemäß § 823 II i.V.m. § 229 StGB

S könnte gegen H gemäß § 823 II i.V.m. § 229 StGB einen Anspruch auf Schadenersatz i.h.v. 1010, 83 Euro haben.

1. Verletzung eines Schutzgesetzes
H müsste ein Schutzgesetz i.S.d. § 823 II verletzt haben. Schutzgesetz ist jede materielle Rechtsnorm i.S.d. Art. 2 EGBGB.[56] Entscheidend ist, dass die jeweilige Norm nicht nur Allgemein-, sondern auch Individualinteressen schützt.[57] So ein Schutzgesetz ist § 229 StGB. H hat eine fahrlässige Körperverletzung begangen und den Tatbestand des § 229 StGB rechtswidrig und schuldhaft erfüllt. H verletzte also ein Schutzgesetz i.S.d. § 823 II.

2. Rechtswidrigkeit
Die Rechtswidrigkeit wird durch die Verletzung des Schutzgesetzes indiziert. H handelte rechtswidrig.

3. Verschulden
H müsste ein Verschuldensvorwurf treffen. Bei § 823 II ist es so, dass sich dieser Vorwurf auf die Verletzung des Schutzgesetzes beziehen muss.[58] H handelte im Sinn des § 229 StGB schuldhaft, womit ihn ein Verschuldensvorwurf trifft.

4. Schaden und haftungsausfüllende Kausalität
S hat einen Schaden i.H.v. 1010,83 Euro erlitten. Dieser ist auch äquivalent und adäquat kausal durch die Schutzgesetzverletzung hervorgerufen worden.

5. Ergebnis
S hat gegen H einen Anspruch auf Schadenersatz i.H.v. 1010,83 Euro gemäß § 823 II i.V.m. § 229 StGB.

---

[56] Vgl. zu den Schutzgesetzen PWW/ *Schaub,* § 823 Rn. 215 ff.
[57] BGHZ 12, 148.
[58] Vgl. Hk-BGB/ *Staudinger,* § 823 Rn. 153.

IV. Anspruch des J gegen H gemäß § 823 I

J könnte gegen H einen Anspruch auf Schadenersatz i.H.v. 17.381 Euro haben.

1. Rechtsgutverletzung

Es müsste ein Rechtsgut des J verletzt worden sein. Letztlich hat J körperliche Schäden davongetragen, die erst durch OPs wieder vollständig beseitigt werden konnten. Dies spricht dafür, dass eine Körper– bzw. Gesundheitsverletzung bei J vorliegt. Fraglich ist, ob dies wirklich so gesehen werden kann, da J zu dem Zeitpunkt der Verletzung noch gar nicht geboren worden war. Die Rechtsfähigkeit eines Menschen beginnt im Zivilrecht gemäß § 1 allerdings erst mit Vollendung der Geburt. Trotzdem wird auch das ungeborene Leben durch die Rechtsordnung geschützt. Dies ergibt sich zum Beispiel schon aus §§ 218 ff. StGB. So wird auch im Zivilrecht das ungeborene Leben geschützt und der dann geborene Mensch kann Schadenersatzansprüche wegen Verletzung seiner Gesundheit haben.[59] Es liegt hier deshalb eine deliktsrechtlich relevante Rechtsgutverletzung durch das vor der Geburt liegende, schädigende Ereignis vor.

2. Verletzungshandlung und haftungsbegründende Kausalität

Durch das Anfahren der S liegt eine für die Rechtsgutverletzung äquivalent und adäquat kausale Verletzungshandlung vor.

3. Rechtswidrigkeit/Verschulden

H handelte rechtswidrig. Auch trifft ihn bezüglich der Rechtsgutverletzung durch das zu schnelle Fahren ein Verschuldensvorwurf in Form der Fahrlässigkeit.

---

[59] Vgl. Palandt-*Sprau*, § 823 Rn. 4.

4. Schaden und haftungsausfüllende Kausalität

J hat einen materiellen Schaden i.H.d. Operationskosten von 17.381 Euro erlitten. Die Körperverletzung ist für diese auch kausal geworden. Darüber hinaus steht J gemäß § 253 II ein Schmerzensgeld zu, da H ihm auch wegen einer Körperverletzung schadenersatzpflichtig ist.

5. Ergebnis

J hat gegen H einen Anspruch auf Schadenersatz i.H.v. 17.381 Euro sowie Anspruch auf ein angemessenes Schmerzensgeld gemäß §§ 823 I, 253 II.

V. Anspruch des P gegen M gemäß § 826

P könnte gegen M gemäß § 826 einen Anspruch auf Schadenersatz i.H.v. 61.181 Euro haben.

1. Schaden

Der § 826 setzt keine Rechtsgutsverletzung voraus, durch die ein Schaden entsteht. Vielmehr schützt er als Vorschrift des Deliktsrechts ausnahmsweise auch das Vermögen als solches.[60] P hat einen Schaden von 61.181 Euro.

2. Vorsätzliche, sittenwidrige Schädigung

M müsste P vorsätzlich sittenwidrig geschädigt haben. Für § 826 reicht demnach kein einfaches oder grob fahrlässiges Verhalten aus. Der Vorsatz muss sich im Gegensatz zu § 823 auch auf den verursachten Schaden beziehen.[61] Der Schädiger muss den Schaden somit wenigstens billigend in Kauf genommen haben.[62]

---

[60] Vgl. PWW/ *Schaub,* § 826 Rn. 1.
[61] Vgl. PWW/ *Schaub,* § 826 Rn. 7.
[62] Vgl. Palandt-*Sprau,* § 823 Rn. 9.

Fraglich ist, wie es sich im Fall verhält. Zwar hatte M Erfahrung als Makler. Allerdings ist im konkreten Fall der Schimmel auch für den geschulten Laien überhaupt nicht erkennbar, und er hofft inständig, dass es keine Probleme geben wird, welche aus seiner Sicht auch sehr unwahrscheinlich sind. Deshalb handelte M nicht mit Vorsatz.

3. Ergebnis

P hat keinen Anspruch gegen M gemäß § 826.

Der § 826 ist in der Regel nur dann zu prüfen, wenn es dem Anspruchsgegner gerade auf die Schädigung des anderen ankommt. Handelt der Schädiger aus gegen die guten Sitten verstoßenden Beweggründen wie Hass oder Neid und treten diese Motive in einem bestimmten Verhalten auch zutage, dann sollte der Sachverhalt unter § 826 subsumiert werden.

44

Fall 7: Die teure Flucht

▶ **Standort:** BGB Schuldrecht BT, Deliktsrecht

Der 20jährige Ingmar Illewop (I) ist wegen mehrfacher Körperverletzung und Beleidigung zu einem Jugendarrest verurteilt worden. Der leidenschaftliche Fußballer hatte während einiger Spiele der Uni-Liga gegnerische Fans angegriffen. Als I nicht zum Arrest erscheint und die Polizeibeamten Feit (F) und Staub (S) ihn deshalb in seiner WG festnehmen wollen, flüchtet I über den Hinterhof, indem er durch das offene Küchenfenster aus dem ersten Stock in 2,50m Tiefe springt. Während F ebenfalls durch das Fenster dem I hinterher jagt, rennt S die Treppe hinab und nimmt so die Verfolgung auf. F bricht sich bei dem Sprung infolge des unglücklichen Aufprallens auf einer Holzkiste einen Knöchel und ist deswegen dann für sechs Monate dienstunfähig. S hat den I fast eingeholt, als der Polizist über seinen offenen Schnürsenkel stolpert und deswegen stürzt. S bricht sich das Schlüsselbein und ist für einige Wochen ebenfalls dienstunfähig. Können F und S Ersatzansprüche gegen I geltend machen?

I. Anspruch des F gegen I gemäß § 823 I
1. Rechtsgutsverletzung
2. Zurechenbare Verletzungshandlung des I
3. Rechtswidrigkeit
4. Verschulden
5. Ergebnis

II. Anspruch des S gegen I gemäß § 823 I
1. Rechtsgutsverletzung
2. Zurechenbare Verletzungshandlung des I
3. Ergebnis

I. Anspruch des F gegen I gemäß § 823 I

F könnte gegen I einen Anspruch gemäß § 823 I auf Schadenersatz haben.

1. Rechtsgutverletzung

Es müsste eine Rechtsgutverletzung vorliegen. Hier hat F eine Körperverletzung in Form des Knöchelbruchs erlitten.

2. Zurechenbare Verletzungshandlung des I

Fraglich ist, ob eine dem I zurechenbare Verletzungshandlung vorliegt. Nach der **Äquivalenztheorie** ist dies zu bejahen: Ohne die Flucht des I wäre F nicht aus dem Fenster gesprungen und hätte sich demnach nicht einen Knöchel gebrochen.

Auch ist im Rahmen der **Adäquanzprüfung** eine zurechenbare Verletzungshandlung des I zu bejahen. Es entspricht der allgemeinen Erwartung eines optimalen Beobachters und ist nicht fernab jeder Erfahrung, dass die Flucht vor einem Polizisten diesen zur Verfolgung veranlasst und dieser sich dabei Verletzungen zuzieht.

Problematisch ist bei der Zurechnung aber, dass nicht die Flucht selbst Ursache der Verletzung war, sondern der eigenständige Sprung des F, damit also ein eigenes Verhalten des Geschädigten. Solche Konstellationen, in denen ein vorwerfbares Tun einen anderen zu selbstgefährdendem Verhalten herausfordert, werden **Verfolgungs- oder Herausforderungsfälle** genannt.[63] Ein Schadenersatzanspruch wird dabei dann begründet, wenn zusätzlich zu der hier beschriebenen Herausforderung, dem Willensentschluss des Geschädigten, der zu dem selbst gefährdendem Handeln führt, dieser von einer billigenswerten Motivation getragen wird. Zudem darf der eingetretene Schaden nicht auf einem

---

[63] Vgl. Hk-BGB/ *Staudinger,* § 823 Rn. 55.

46

normalen Lebensrisiko beruhen, sondern vielmehr auf dem durch die Herausforderung gesteigerten Risiko.[64]

Vor. : — Vorverhalten billigenswert — gesteigertes Risiko

Bei der Erwägung, ob eine **billigenswerte Motivation** vorliegt, muss eine **Abwägung** am Einzelfall zwischen dem Zweck der selbst gefährdenden Handlung und dem Risiko, das aus diesem Verhalten resultiert, erfolgen. Risiko und Dringlichkeit müssen also gegenübergestellt werden (**Mittel-Zweck-Relation**).[65]

F hatte die Dienstpflicht, den I zu ergreifen. Zwar war der Sprung aus dem Fenster nicht ungefährlich, doch schließt das Gefährlichsein einer Handlung nicht schon eine vernünftige Relation aus. Würde jedes gefährliche Handeln schon als nicht mehr angemessene Selbstgefährdung angesehen, käme eine Abwägung nicht mehr in Frage. Lediglich völlig unvernünftige Handlungen des Verletzten sollen nicht mehr angemessen sein.[66] Hier sprang der F aus dem Fenster des ersten Stocks. Das ist in Relation mit dem damit verfolgten Zweck, der Ergreifung eines Straftäters, nicht unbilligenswert. Anders verhielte es sich, wenn z.B. der F aus dem zehnten Stockwerk hinterher gesprungen wäre und keine Notwendigkeit zur Ergreifung bestanden hätte. Damit ist die Verletzung des F dem I zuzurechnen.

3. Rechtswidrigkeit
I handelte rechtswidrig, Rechtfertigungsgründe fehlen.

4. Verschulden
I müsste auch schuldhaft gehandelt haben. I ließ die im Verkehr erforderliche Sorgfalt außer Acht und handelte damit fahrlässig.

---

[64] Vgl. PWW/ *Medicus,* § 249 Rn. 49.
[65] Vgl. Peifer, Gesetzliche Schuldverhältnisse, § 3 Rn. 68.
[66] Vgl. Peifer, Gesetzliche Schuldverhältnisse, § 3 Rn. 68.

5. Ergebnis

F hat gegen I einen Anspruch gemäß § 823 I auf Schadenersatz i.H. seiner Behandlungs- und sonstigen Folgekosten. Zudem kann er i.R.d. § 253 II Schmerzensgeld verlangen.

II. Anspruch des S gegen I gemäß § 823 I

S könnte einen Anspruch gegen I gemäß § 823 I auf Schadenersatz haben.

1. Rechtsgutverletzung

Dazu müsste ein Rechtsgut des S verletzt worden sein. S brach sich das Schlüsselbein, darin liegt eine Verletzung seines Körpers und seiner Gesundheit.

2. Zurechenbare Verletzungshandlung des I

Die Verletzung müsste I zuzurechnen sein. Dies scheitert aber daran, dass sich hier kein gesteigertes Risiko realisiert hat, das auf der Herausforderung basiert, sondern nur ein normales Lebensrisiko, nämlich das Stolpern über die eigenen Schnürsenkel. Damit ist der Schlüsselbeinbruch des S der Flucht des I nicht zuzurechen.

3. Ergebnis

S hat gegen I keinen Anspruch aus § 823 I auf Schadenersatz.

48

Fall 8: Der rockende Philosoph

▶ **Standort:** BGB Schuldrecht BT, Deliktsrecht

Der Philosoph Marcpe (M) ist in intellektuellen Kreisen aner-
kannt, was ihm jedoch wenig Geld einbringt. Er beschließt
daher, sein anderes großes Talent zu nutzen und steigt mit
einer Band ins Showgeschäft ein. Tatsächlich hat er mit seiner Rockmusik großen Erfolg. Das Popsternchen Auguste-
Viktoria (A) neidet dem Quereinsteiger den Ruhm, den sie
für sich selbst beansprucht. Als der Eventveranstalter Simon
Suchhagen (S) den M anstelle der A für ein Konzert enga-
giert, platzt A der Kragen. Sie lauert M vor dem Auftritt auf
und verletzt ihn mit Schlägen ihrer Handtasche so schwer,
dass M im Krankenhaus behandelt und das Konzert ab-
gesagt werden muss. S muss neben den zurückzugebenden
Tickets auch die Miete für den Auftrittssaal sowie den
erwarteten Gewinn in den Wind schreiben. Können M und S
Schadenersatz von A verlangen?

I. Anspruch des M gegen A gemäß § 823 I
1. Rechtsgutsverletzung
2. Verletzungshandlung
3. Haftungsbegründende Kausalität
4. Rechtswidrigkeit
5. Verschulden
6. Schaden und haftungsausfüllende Kausalität
7. Ergebnis

**II. Anspruch des M gegen A gemäß § 823 II i.V.m.
§ 224 I Nr. 2, 3 StGB**
1. Verletzung eines Schutzgesetzes
2. Rechtswidrigkeit
3. Verschulden
4. Ergebnis

III. Anspruch des S gegen A gemäß § 823 I
1. Rechtsgutsverletzung
2. Ergebnis

I. Anspruch des M gegen A gemäß § 823 I

M könnte gegen A gemäß § 823 I einen Anspruch auf Schadensersatz in Höhe der Folgekosten seiner Verletzungen sowie der entgangenen Gage haben.

1. Rechtsgutverletzung

Es müsste ein Rechtsgut des M verletzt worden sein. Hier
wurde M schwer verletzt, damit liegt eine Körperverletzung
und auch eine Verletzung der Gesundheit vor.

2. Verletzungshandlung

Es muss auch eine Verletzungshandlung der A vorliegen.
Der Begriff der Handlung wird in diesem Zusammenhang
weit gefasst. Handlung ist jedes der Bewusstseinkontrolle
und Willenslenkung unterliegende und damit beherrschbare
menschliche Verhalten[67], kurz: alles außer nicht steuerbare
Bewegungen, wie sie etwa im Schlaf oder reflexartig erfolgen. Die Handlung kann sowohl in einem Tun als auch in einem Unterlassen liegen.[68] A schlug den M vorliegend mit
ihrer Handtasche. Darin liegt hier die Verletzungshandlung.

3. Haftungsbegründende Kausalität

Die Handlung der A muss auch kausal für die Rechtsgutsverletzung gewesen sein.

Wichtig: Die Prüfung der Kausalität erfolgt hier sowie im
Tatbestandsmerkmal „haftungsausfüllende Kausalität" nach
den Theorien der Äquivalenz, der Adäquanz und derjenigen
vom Schutzweck der Norm. Selbst bei unproblematischen
und in dieser Hinsicht sehr eindeutigen Sachverhalten wird
vor allem in Hausarbeiten die sorgfältige Subsumtion in diesen Punkten verlangt. Denn alle drei Theorien wirken bei der
Bewertung der Zurechenbarkeit miteinander:[69]

---

[67] BGHZ 98, 137.
[68] Vgl. Hk-BGB/ *Staudinger,* § 823 Rn. 46.
[69] Vgl. Brox/ Walker, Besonderes Schuldrecht, § 41 Rn. 30.

50

> Die Adäquanztheorie schränkt die Äquivalenztheorie ein und wird selbst von dem Schutzzweck der Norm korrigiert. Letzterer sollte nur gegebenenfalls geprüft und bei unproblematischen Fällen eher nicht erwähnt werden. Zu merken in Kurzform:
>
> **Äquivalenztheorie:** Denkt man sich die Handlung weg und verschwindet damit auch die Rechtsgutsverletzung, dann ist die Handlung kausal!
>
> **Adäquanztheorie:** Dass durch die Handlung die Rechtsgutsverletzung verursacht werden kann, darf bei vernünftiger Betrachtung nicht fernab jeder allgemeinen Lebenserfahrung liegen.
>
> **Schutzzweck der Norm:** Die geprüfte Norm muss gerade vor solchen Gefahren und Schäden wie in dem jeweils zu lösendem Fall schützen wollen.

Nach der **Äquivalenztheorie** ist jede Bedingung kausal, die nicht hinweggedacht werden kann, ohne dass der Erfolg entfiele.[70] Ohne die Attacke der A wäre der M nicht schwer an Körper und Gesundheit verletzt worden, die Handlung ist also äquivalent-kausal für die Rechtsgutverletzung.

Da ohne weitere Wertung damit fast jedes Ereignis kausal ist, wird nach der **Adäquanztheorie** hier eingeschränkt. Danach kann nur dann i.S.d. § 823 die Handlung als kausal gelten und damit die Rechtsgutsverletzung zugerechnet werden, wenn der Eintritt der Rechtsgutsverletzung nicht außerhalb jeder Wahrscheinlichkeit lag und nach dem regelmäßigen Verlauf der Dinge, und nicht nur unter ganz speziellen und eigenen Umständen, zu erwarten war. Dabei wird auf die Sicht eines optimalen Beobachters abgestellt.[71] Dass durch Schläge mit einer Handtasche schwere Verletzungen verursacht werden können, ist adäquat-kausal.

---

[70] Hk-BGB/ *Staudinger,* § 823 Rn. 47.
[71] Vgl. Brox/ Walker, Besonderes Schuldrecht, § 41 Rn. 30.

Als letztes Korrektiv bei der Zurechnung wird die **Lehre vom Schutzzweck** der Norm angewandt. Danach muss geprüft werden, ob die Norm gerade vor solchen Gefahren schützen wollte, die in dem zu prüfenden Fall zur Rechtsgutsverletzung geführt haben. Regelmäßig ist das bei unmittelbaren Verletzungen der Fall.[72] Eine solche liegt hier vor, die haftungsbegründende Kausalität ist demnach gegeben.

4. Rechtswidrigkeit
A müsste rechtswidrig gehandelt haben. Es sind keine Rechtfertigungsgründe ersichtlich, A handelte rechtswidrig.

> **Beachte:** Zwar werden mit der Lehre vom Erfolgsunrecht und der Lehre vom Handlungsunrecht zwei unterschiedliche Positionen dazu vertreten, wann die Rechtswidrigkeit anzunehmen ist, doch spielt das in den meisten Fällen keine Rolle und ist auch kein Problem in der Arbeit. Es empfiehlt sich daher, sofern es nicht Anhaltspunkte für einen zu führenden Theorienstreit gibt, die Rechtswidrigkeit anzunehmen und lediglich nach Rechtfertigungsgründen zu schauen.[73]

5. Verschulden
A müsste schuldhaft gehandelt haben. Als Maßstab dafür ist der § 276 heranzuziehen. Danach müsste A vorsätzlich oder fahrlässig gehandelt haben. A schlug den M mit Vorsatz, sie handelte damit schuldhaft.

6. Schaden und haftungsausfüllende Kausalität
M müsste ein Schaden entstanden sein. Der Schaden i.S.d. § 823 umfasst sowohl materielle als auch immaterielle Schäden, §§ 249 ff und §§ 842 ff. Der Schaden des M liegt zum einen in den Krankenhaus- und sonstigen Heilungskosten und in der entgangenen Gage. Die Höhe des Schadens kann mittels der **Differenzhypothese** festgestellt werden.

---

[72]   Vgl. Hk-BGB/ *Staudinger,* § 823 Rn. 49.
[73]   Vgl. dazu PWW/ *Schaub,* § 823 Rn. 9-12.

Dabei wird zur Ermittlung eines Vermögensschadens das Vermögen nach dem schädigenden Ereignis mit der hypothetisch bestehenden Vermögenslage verglichen, die ohne das schädigende Ereignis vorliegen würde. Die Differenz zwischen beiden macht dann den Schaden aus.[74] Zum anderen kann M ein Schmerzensgeld geltend machen.[75]

Der Schaden müsste durch die Rechtsgutsverletzung entstanden sein (haftungsausfüllende Kausalität). Hier hat die Körperverletzung zu den beschriebenen Schäden geführt, sie ist dafür adäquat-kausal und auch vom Schutzzweck der Norm erfasst.

7. Ergebnis
M hat gegen A gemäß § 823 I einen Anspruch auf Schadenersatz für die Heilungskosten, § 249 I 1, auf Ersatz für die verlorene Gage, § 252 und auf Schmerzensgeld, § 253 II.

II. Anspruch des M gegen A gemäß § 823 II i.V.m. § 224 I Nr. 2, 3 StGB

M könnte gegen A gemäß § 823 II i.V.m. 224 I Nr. 2, 3 StGB einen Anspruch auf Schadenersatz haben.

1. Verletzung eines Schutzgesetzes
A müsste ein Schutzgesetz i.S.d. § 823 II verletzt haben. Ein solches Schutzgesetz ist der § 224 StGB. A hat den Tatbestand der gefährlichen Körperverletzung dadurch verwirklicht, dass sie den M durch ein gefährliches Werkzeug i.S.d. § 224 I Nr. 2 Alt. 2 StGB, nämlich ihre Handtasche, verletzt hat. A hat ein Schutzgesetz i.S.d. § 823 II verletzt.

2. Rechtswidrigkeit
Da die Rechtswidrigkeit durch die Verletzung des Schutzgesetzes indiziert wird, handelte A auch rechtswidrig. Rechtfertigungsgründe sind hier nicht ersichtlich.

---

[74] Vgl. Musielak, Grundkurs BGB, Rn. 759.
[75] Vgl. zum immateriellen Schaden Musielak, Grundkurs BGB, Rn. 757.

3. Verschulden

Der A müsste auch ein Verschulden vorzuwerfen sein. Dies muss sich auf die Verletzung des Schutzgesetzes beziehen. A handelte vorsätzlich im Sinn des Schutzgesetzes und damit schuldhaft.

4. Schaden und haftungsausfüllende Kausalität

Wie bereits im vorherigen Anspruch geprüft, hat M einen Schaden erlitten. Die Schutzgesetzverletzung war auch kausal dafür.

5. Ergebnis

M hat gegen A einen Anspruch gemäß § 823 II i.V.m. § 224 I Nr. 2, 3 StGB auf Schadenersatz in bereits erörtertem Umfang.

III. Anspruch des S gegen A gemäß § 823 I

S könnte gegen A einen Anspruch gemäß § 823 I auf Schadenersatz haben.

1. Rechtsgutsverletzung

Fraglich ist hier, welches Rechtsgut des S die A verletzt haben könnte. Da sie den M schlug und nicht den S, fällt eine Verletzung des Körpers oder der Gesundheit aus. Da der § 823 I nicht das Vermögen an sich schützt[76], käme bezogen auf S nur die Verletzung eines sonstigen Rechts in Betracht. Zu denken wäre an das „Recht am eingerichteten und ausgeübten Gewerbebetrieb". Doch muss ein unmittelbarer Eingriff in den gewerblichen Tätigkeitskreis vorliegen, um eine Verletzung dieses Rechtes zu bejahen.[77] Der Eingriff muss also betriebsbezogen sein, d.h. sich gegen den Betrieb als solchen richten.

---

[76] Vgl. Hk-BGB/ *Staudinger,* § 823 Rn. 29.
[77] BGHZ 29, 65.

Nicht ausreichend ist also, wenn der Eingriff Rechte oder Rechtsgüter betrifft, die ohne weiteres vom Betrieb ablösbar sind.[78] Die Verletzung des A durch M betrifft aber nicht den Schutzbereich des Gewerbebetriebes des S. Damit fehlt es schon an einer Rechtsgutsverletzung.

2. Ergebnis

S hat gegen A keinen Anspruch auf Schadenersatz gemäß § 823 I. Im Übrigen sind andere Ansprüche hier nicht ersichtlich. Insbesondere scheidet § 826 hier aus, weil die A nicht S schädigen wollte.

Hinweis: Die Prüfung von unmittelbaren Vermögensschäden ist ein schwerer Fehler in der Subsumtion des § 823. Auch wenn es ungerecht erscheint, dass ein Geschädigter u.U. ohne Ersatzansprüche verbleibt, darf diese rein moralische Wertung, wie in allen Prüfungen, keine Rolle spielen. Das Gefühl der Gerechtigkeit ist auch kein juristisches Argument und sollte in allen Arbeiten nur mit äußerster Zurückhaltung verwendet werden.

---

[78] Vgl. Brox/ Walker, Besonderes Schuldrecht, § 41 Rn. 20.

Fall 9: Der eigensinnige Kellner

▶ **Standort:** BGB Schuldrecht BT, Deliktsrecht

Der „ewige" Student Tobias Toors (T) schmeißt im 20. Semester sein Studium und möchte ein nach seinen Vorstellungen betriebenes Café eröffnen. Um Erfahrungen im Gastronomiebetrieb zu sammeln, hält er sich nun tagtäglich in der Kneipe des Jungunternehmers Sam A. Sakman (S) auf und studiert aufmerksam die Vorgänge an und hinter der Theke. Der das ruhige Studentenleben gewohnte T gerät durch die hektischen Abläufe, die er dort beobachtet, sehr schnell unter Stress. Um seine Nerven zu beruhigen, bestellt er ein schnapsartiges Getränk, das nach allgemeinem Brauch vom Gast angezündet werden muss. T setzt dabei durch seine Unachtsamkeit die Theke in Brand, so dass S seinen Betrieb für drei Tage schließen muss. Zwar meidet T daraufhin die Umgebung der Kneipe, doch kann er einen weiteren Zusammenprall mit dem Unternehmen des S nicht vermeiden: Als T mit seinem Wagen nach einer Nacht auf der Piste durch die Stadt fährt und die Kneipe des S passiert, setzt er das Auto gegen einen der Stadt gehörenden Stromkasten, der auch den Betrieb des S versorgt. Durch den Unfall wird der Stromkasten zerstört und die Kneipe erhält vier Tage keinen Strom. S muss wiederum seine Gaststätte schließen und möchte von T seinen Schaden ersetzt bekommen. Kann er das?

I. Anspruch des S gegen T gemäß § 823 I wegen des Thekenbrands
1. Rechtsgutverletzung
2. Verletzungshandlung
3. Haftungsbegründende Kausalität
4. Rechtswidrigkeit
5. Verschulden
6. Schaden und haftungsausfüllende Kausalität
7. Ergebnis

II. Anspruch des S gegen T gemäß § 823 I wegen des Unfalls
1. Rechtsgutsverletzung
a) Eingerichteter und ausgeübter Gewerbebetrieb
b) Unmittelbarer Eingriff
2. Verletzungshandlung
3. Haftungsbegründende Kausalität
4. Rechtswidrigkeit
5. Verschulden
6. Schaden und haftungsausfüllende Kausalität
7. Ergebnis

I. Anspruch des S gegen T gemäß § 823 I wegen des Thekenbrands

S könnte gegen T gemäß § 823 I einen Anspruch auf Schadenersatz in Höhe der zerstörten Theke und des damit verbundenen Verdienstausfalles haben.

1. Rechtsgutsverletzung
Es müsste ein Rechtsgut des S verletzt worden sein. Hier
wurde die Theke des S zerstört, damit liegt eine Eigentumsverletzung vor. Es könnte auch eine Verletzung des Rechts
am eingerichteten und ausgeübten Gewerbebetrieb vorliegen. Dies ist aber grundsätzlich subsidiär. Ist ein Rechtsgut
oder Recht i.S.d. § 823 I verletzt und ist der Tatbestand des
§ 823 erfüllt, dann besteht[79] keine Lücke, die das hier betrach-
tete Recht füllen könnte.[79] Da hier eine Eigentumsverletzung
zu bejahen ist, kommt die Verletzung des sonstigen Rechts
nicht in Betracht.

2. Verletzungshandlung
Es muss eine Verletzungshandlung des T vorliegen. Diese
ist hier in dem In-Brand-Stecken der Theke zu sehen.

3. Haftungsbegründende Kausalität
Die Handlung müsste für die Eigentumsverletzung kausal
geworden sein. Äquivalente und adäquate Kausalität sind
hier zu bejahen.

---

[79] Vgl. Brox/ Walker, Besonderes Schuldrecht, § 41 Rn. 18.

57

4. Rechtswidrigkeit
T handelte auch rechtswidrig, Rechtfertigungsgründe sind nicht ersichtlich.

5. Verschulden
T müsste schuldhaft gehandelt haben. T war unachtsam und steckte deswegen die Theke in Brand, er handelte damit fahrlässig.

6. Schaden und haftungsausfüllende Kausalität
Legt man die Differenzhypothese zugrunde, würde das Vermögen des S ohne das schädigende Ereignis weder um die Reparaturkosten noch den entgangenen Gewinn gemindert. Diese kann S als Schaden geltend machen. Die Rechtsgutsverletzung war adäquat-kausal für den Schadenseintritt.

7. Ergebnis
S hat gegen T gemäß § 823 I wegen des Thekenbrandes einen Anspruch auf Zahlung der Reparaturkosten sowie auf den entgangenen Gewinn für drei Tage.

II. Anspruch des S gegen T gemäß § 823 I wegen des Unfalls

S könnte gegen T gemäß § 823 I einen Anspruch auf Schadenersatz wegen der Zerstörung des Stromkastens in Höhe des daraus folgenden Verdienstausfalls haben.

1. Rechtsgutsverletzung
T müsste ein Rechtsgut des S verletzt haben. Da der Stromkasten im Eigentum der Stadt stand, kommt eine Eigentumsverletzung hier nicht in Betracht. Da andere in § 823 genannte Rechtsgüter als verletzt nicht in Betracht kommen, ist hier eine Verletzung des Rechts am eingerichteten und ausgeübten Gewerbebetrieb zu prüfen. Nach der Rechtsprechung müssen für einen Eingriff in ein solches Recht drei Voraussetzungen erfüllt sein. Neben dem schon erörterten Fehlen einer anderen Rechtsgrundlage sind dies folgende:

58

a) Eingerichteter und ausgeübter Gewerbebetrieb

Es muss ein eingerichteter und ausgeübter Gewerbebetrieb vorliegen, d.h. ein auf Dauer angelegter und auf Gewinnerzielung gerichteter Betrieb.[80] Dies ist bei der Kneipe des S der Fall.

b) Unmittelbarer Eingriff

Es muss ein unmittelbarer Eingriff in den gewerblichen Tätigkeitskreis vorliegen, also ein Eingriff gegen den Betrieb als solchen.[81] Hier hat der T unmittelbar den Stromkasten fahrlässig zerstört. Darin kann aber kein unmittelbarer Eingriff in den Gewerbebetrieb des S gesehen werden. In solch gelagerten Fällen wird die Bejahung eines unmittelbaren Eingriffs verneint, weil dies den Schutzbereich des Gewerbebetriebs zu weit ausdehnen würde.[82] Eine Rechtsgutsverletzung liegt damit nicht vor. Zu beachten ist noch, dass mangels Rechtsgutsverletzung lediglich ein unmittelbarer Vermögensschaden zu bejahen ist, der aber nicht durch § 823 I geschützt wird.

2. Ergebnis

S hat gegen T keinen Anspruch gemäß § 823 I auf Schadenersatz wegen der Zerstörung des Stromkastens.

> **Hinweis:** Das Recht am eingerichteten und ausgeübten Gewerbebetrieb ist eines der häufig geprüften „sonstigen Rechte" des § 823 I. Der hier geschilderte Fall diente dazu, die meist nicht bekannten Prüfungspunkte und ihre Bearbeitung darzustellen.

---

[80] Vgl. Brox/ Walker, Besonderes Schuldrecht, § 41 Rn. 19.
[81] Vgl. Peifer, Gesetzliche Schuldverhältnisse, § 3 Rn. 44.
[82] Vgl. BGHZ 29, 65.

Fall 10: Margaretes Mops

▶ **Standort:** BGB BT, Deliktsrecht

Multitalent Margarete Molosser (M) züchtet die Hundeart Mops, da sie diese Hunde liebt. Voller Stolz will sie den Wurf der Hündin Molly präsentieren, die im Garten der M in einem Zwinger residiert. Der Zwinger ist erst fertig gestellt worden. Daneben befindet sich noch eine Baugrube, die weder abgedeckt noch gesichert ist. Das kümmert M nicht, obwohl sie weiß, dass das Loch für andere gefährlich ist. Sie lädt das ganze Viertel für Sonntag zu sich ein und tatsächlich strömen ab dem Morgen die Nachbarn herbei, um die Welpen zu bestaunen. Der Tierfreund Tanna (T) stürzt in die Grube und bricht sich ein Bein.

Hat T gegen M Ansprüche aus § 823 I?

Anspruch des T gegen M aus § 823 I
1. Rechtsgutsverletzung
2. Verletzungshandlung der M durch Unterlassen
a) Garantenstellung/ Verkehrssicherungspflicht
b) Gegenüber dem T
c) Verletzung der Verkehrssicherungspflicht
3. Ergebnis

Anspruch des T gegen M aus § 823 I

T könnte gegen M einen Anspruch aus § 823 I haben.

1. Rechtsgutsverletzung
Durch den Beinbruch wurde der Körper des T verletzt.

2. Verletzungshandlung der M durch Unterlassen
M hat nicht deliktsrechtlich relevant gehandelt. Zu prüfen ist, ob sie eine Verkehrssicherungspflicht verletzt hat und ihr insofern ein haftungsbegründend kausal gewordenes Unterlassen vorzuwerfen ist.

a) Garantenstellung/ Verkehrssicherungspflicht

Schafft etwa jemand eine Gefahrenquelle für andere oder übernimmt er diesbezüglich eine Pflicht, so hat er diese so zu sichern, dass niemand zu Schaden kommt. Öffnet jemand dem Verkehr Gebäude oder Grundstücke, so entsteht daher die Pflicht, die Verkehrsteilnehmer zu schützen.[83] M öffnete ihr Grundstück den Nachbarn. Als Eigentümerin ergab sich daraus für sie die allgemeine Verkehrssicherungspflicht. Damit lag eine Garantenstellung der M vor.

b) Gegenüber dem T

Die Garantenstellung müsste auch gegenüber T bestanden haben. Die Pflicht bestand gegenüber dem T als Verkehrsteilnehmer.

c) Verletzung der Verkehrssicherungspflicht

M müsste die Verkehrspflicht verletzt haben. Das ist der Fall, wenn sie das erkennbar *Erforderliche und Zumutbare* nicht getan hat. M wusste um die Baugrube und hätte diese sichern müssen, als sie den Zugang zu ihrem Grundstück öffnete. Das war ihr zuzumuten. Sie verletzte damit ihre Pflicht. Dabei handelte sie auch rechtswidrig und schuldhaft.

3. Ergebnis

T hat gegen M einen Anspruch auf Schadensersatz gemäß § 823 I. M hat dem T alle Schäden zu ersetzen, die aus der Verletzung der Verkehrssicherungspflicht erwachsen sind.

> **Hinweis:** Jemand haftet für Unterlassen (z.B. werden Schutzmaßnahmen wie Absperrgitter etc. nicht errichtet oder der verschneite Bürgersteig wird nicht gekehrt) nur dann, wenn er eine *Garantenstellung* innehat. Diese besteht insbesondere, wenn der Anspruchsgegner *verkehrssicherungspflichtig* ist. Die Prüfungen der hier genannten Punkte a) bis b) müssen in der Klausur beherrscht werden und beinhalten zumeist die Argumentation über die Bejahung einer Verkehrssicherungspflicht.

---

[83] Vgl. PWW/ *Schaub*, § 823 Rn. 106.

Fall 11: Gefährliche Bibliothek

▶ **Standort:** BGB Schuldrecht BT, Deliktsrecht

Die Studentin Marina Mopp (M) verdingt sich in der Privatbibliothek des Gelehrten Hugo Gustav (G). M wurde aufgrund ihrer hervorragenden Noten und sorgfältiger Auswahlgespräche von G, in denen sich G von den Fähigkeiten bezüglich der Tätigkeit überzeugen konnte, eingestellt. G hat seine umfangreiche Bibliothek dem allgemeinen Publikum geöffnet und M beauftragt, während der Öffnungszeiten die Ordnung darin aufrechtzuerhalten. Zum Tätigkeitsbereich der M gehört neben der Ein- und Auslasskontrolle auch die Überwachung der Einhaltung der Ruhe in den Räumen. Zu den Zeiten des Publikumsverkehrs zieht sich G in sein Arbeitszimmer im anderen Flügel seiner Villa zurück. Ein eifriger Besucher der hervorragenden Bibliothek ist die fleißige Linda Loberhausen (L). Sie fällt allerdings immer öfter dadurch negativ auf, dass sie auf ihrem mitgebrachten Laptop ihren Lieblingskomponisten Rachmaninov in großer Lautstärke anhört und andere Besucher mit Anekdoten unterhält, von denen sie einen unerschöpflichen Vorrat zu haben scheint. Trotz mehrmaliger Aufforderung durch M ist die L nicht zu einer Änderung ihres Verhaltens zu bewegen. Deswegen weiß sich M eines Tages, nachdem sie die L erfolglos mit Nachdruck zum Gehen aufgefordert hat, nicht mehr anders zu behelfen, als einen schweren Folianten nach L zu werfen. M will L nur erschrecken und nicht treffen, doch wird L von dem Buch niedergestreckt und dabei am Kopf verletzt. Als sie nach ihrer Genesung den G wegen des Vorfalls anspricht und Schadenersatz verlangt, verweist dieser nur auf das Schild neben der Eingangstür zur Bibliothek: „Kein Laptoparbeitsplatz! Absolute Ruhe!" Da die M eine arme Studentin ist, möchte L wissen, ob sie sich an G halten kann.

Abwandlung: Die M teilt sich die Stelle mit Ulrich Unwert (U). Dieser muss auf die am Eingang abzugebenden Rucksäcke und Jacken aufpassen und nutzt dies regelmäßig, um diese Sachen zu durchwühlen und wertvolle Dinge zu stehlen. Er wird dabei von einem Bibliotheksnutzer, dem aus Xanten stammenden Xylophonstudenten Xaver Xanthippe (X) erwischt, dem von U bereits mehrere Sachen im Gesamtwert von 1.012,80 Euro gestohlen wurden. G hatte den U schon länger im Verdacht, Straftaten zu begehen und hatte ihn deswegen sporadisch, aber lustlos und damit erfolglos überwacht. Letztlich interessierte sich G nur für seine Bücher und sah nur nach dem Rechten, wenn es ihm zufällig in den Sinn kam. Kann X den G dafür haftbar machen?

I. Anspruch der L gegen G gemäß § 831 I 1
1. Verrichtungsgehilfe
2. Tatbestandsmäßige und rechtswidrige unerlaubte Handlung des Verrichtungsgehilfen
3. In Ausübung der Verrichtung
4. Rechtswidrigkeit
5. Verschulden des Geschäftsherrn
6. Ergebnis

II. Anspruch des X gegen G gemäß § 831 I 1
1. Verrichtungsgehilfe
2. Tatbestandsmäßige und rechtswidrige unerlaubte Handlung des Verrichtungsgehilfen
3. In Ausübung der Verrichtung
4. Rechtswidrigkeit
5. Verschulden des Geschäftsherrn
6. Ergebnis

I. Anspruch der L gegen G gemäß § 831 I 1

L könnte gegen G einen Anspruch gemäß § 831 I 1 auf Schadenersatz haben.

1. Verrichtungsgehilfe
M müsste dazu Verrichtungsgehilfe des G sein. Verrichtungsgehilfe ist, wer mit Wissen und Wollen des Geschäftsherrn in dessen Interesse tätig wird und von dessen Weisun-

gen abhängig ist.[84] Das ist hier der Fall. M wurde von G die Aufsicht über die Bibliothek übertragen und sie ist seinen Weisungen unterworfen. Für das Weisungsrecht reicht es, dass der Geschäftsherr die Tätigkeit des Gehilfen jederzeit beschränken, entziehen oder in Zeit und Umfang bestimmen kann.[85] So ein Verhältnis liegt zwischen G und M vor.

> **Beachte**: Da in § 831 die Haftung des Geschäftsherrn an die nicht sorgfältige Überwachung des Verrichtungsgehilfen knüpft, ist bei der Bestimmung des Verrichtungsgehilfen der Grad der **Weisungsgebundenheit** ausschlaggebend. Deswegen spielt es keine Rolle, ob die Tätigkeit tatsächlicher oder rechtlicher Art ist, mit oder ohne Gegenleistung erfolgt, auf Dauer oder einmalig sein soll oder ob es eine niedere oder höhere Tätigkeit ist.[86]

2. Tatbestandsmäßige und rechtswidrige unerlaubte Handlung des Verrichtungsgehilfen

M müsste den Tatbestand einer unerlaubten Handlung verwirklicht haben. M hat laut Sachverhalt die L verletzt und damit den Tatbestand des § 823 I erfüllt. In Betracht kommt hier wegen der Körperverletzung auch der § 823 II i.V.m. § 229 StGB. Keine Rolle spielt hier die Frage, ob M schuldhaft gehandelt hat. Da § 831 an das Verschulden des Geschäftsherrn anknüpft, kommt es bei der Prüfung der unerlaubten Handlung des Verrichtungsgehilfen auf dessen Verschulden nicht an.[87] Eine Ausnahme von diesem Grundsatz besteht aber: Wenn der Gehilfe die gebotene Sorgfalt beachtet hat, haftet der Geschäftsherr nach herrschender Lehre und Rechtsprechung nicht, wenn ihm, wäre er an Stelle des Verrichtungsgehilfen gewesen und hätte er wie dieser gehandelt, kein Verschulden zur Last gelegt werden könnte.[88]

---

[84] Vgl. PWW/ *Schaub*, § 831 Rn. 7.
[85] Vgl. PWW/ *Schaub*, § 831 Rn. 9.
[86] Vgl. Brox/ Walker, Besonderes Schuldrecht, § 42 Rn. 3.
[87] Vgl. Musielak, Grundkurs BGB, Rn. 879.
[88] Vgl. PWW/ *Schaub*, § 831 Rn. 14.

64

Hätte hier der G anstelle der M das Buch geworfen, würde ihn zumindest der Vorwurf der Fahrlässigkeit treffen, eine anerkannte Ausnahme von der Haftung liegt somit nicht vor.

3. In Ausübung der Verrichtung

M müsste die Körperverletzung in Ausführung der Verrichtung begangen haben. Sie darf damit nicht nur **bei Gelegenheit** der Ausübung ihrer Tätigkeit die L verletzt haben. Es muss zwischen der unerlaubten Handlung und der Verrichtung ein unmittelbarer, innerer Zusammenhang bestehen.[89]

Es gehörte zum Aufgabenbereich der M, für Ruhe in der Bibliothek zu sorgen und in diesem Rahmen die L auch zum Gehen aufzufordern. Insoweit bestand zwischen dem Schleudern des Buches als Form eines (übertriebenen) Versuchs, die Ruhe herzustellen und der von G an M übertragenen Aufgabe innerlich und äußerlich ein Zusammenhang. Die Körperverletzung geschah in Ausübung der Verrichtung.

4. Rechtswidrigkeit

G müsste rechtswidrig gehandelt haben. Zwar ist Anknüpfungspunkt der Haftung die rechtswidrige Tat des Verrichtungsgehilfen, doch basiert die Rechtsfolge des § 831 auf einem Verschulden des Geschäftsherrn. Dieses setzt aber eine rechtswidrige Tat des Geschäftsherrn selbst voraus. Das sollte aber in der Prüfung nicht weiter vertieft werden. Es genügt, dass Rechtfertigungsgründe nicht ersichtlich sind.[90] G handelte damit rechtswidrig.

5. Verschulden des Geschäftsherrn

G müsste schuldhaft gehandelt haben. Das Verschulden wird gemäß § 831 I 2 vermutet. Doch ist es möglich, dass der Geschäftsherr einen Entlastungsbeweis gemäß § 831 I 2 führt. In Betracht kommt hier die sorgfältige Auswahl des Verrichtungsgehilfen als entlastendes Moment.

---

[89] Vgl. Musielak, Grundkurs BGB, Rn. 880.
[90] Vgl. Musielak, Grundkurs BGB, Rn. 879.

G müsste beweisen, dass er die M unter Beachtung der im Verkehr erforderlichen Sorgfalt für die Tätigkeit ausgewählt hat. Die anzunehmende Sorgfalt richtet sich an der übertragenen Tätigkeit aus, womit der Geschäftsherr sicherstellen muss, dass der Gehilfe auch für die Verrichtung geeignet ist.

Hier hatte G die M zum einen wegen ihrer guten Noten eingestellt. Da diese aber in keinem unmittelbaren Zusammenhang mit der übertragenen Tätigkeit stehen, kann ein Entlastungsbeweis darauf nicht begründet werden. Auch spielt es keine Rolle, dass G die L auf das Schild am Eingang verweist, da dieses nichts mit den in § 831 I und II genannten Entlastungsbeweisen zu tun hat. Da G die M auch nicht überwachte, sondern in seinem Arbeitszimmer war, entfällt ein entsprechender Entlastungsgrund. Doch hatte sich G in den Vorstellungsgesprächen von der Eignung der M überzeugen können. Damit hat G die M sorgfältig ausgewählt.

6. Ergebnis

L hat keinen Anspruch gemäß § 831 I 1 gegen G auf Schadenersatz. Ihr steht zwar davon unabhängig ein Anspruch aus § 823 I gegen M zu, doch ist der für die L mangels Vermögens der M wertlos.

II. Anspruch des X gegen G gemäß § 831 I 1

X könnte gegen G einen Anspruch auf Schadenersatz gemäß § 831 I 1 i.H.v. 1012,80 Euro haben.

1. Verrichtungsgehilfe

U müsste Verrichtungsgehilfe des G sein. Das im Rahmen der obigen Prüfung dazu Erörterte ist auf U zu übertragen. Er ist Verrichtungsgehilfe des G.

2. Tatbestandsmäßige und rechtswidrige unerlaubte Handlung des Verrichtungsgehilfen

U müsste auch ein Delikt begangen haben. Hier stahl der U dem X Gegenstände. Dies erfüllt sowohl den Tatbestand

66

des § 823 I bezüglich des Eigentums als auch § 823 II i.V.m. § 242 StGB. U beging damit eine rechtswidrige, unerlaubte Handlung.

3. In Ausübung der Verrichtung

U müsste dies auch in Ausübung der Verrichtung getan haben. Soweit es um vorsätzliche unerlaubte Handlungen geht, haftet der Geschäftsherr nicht, wenn sie nur bei Gelegenheit der Verrichtung begangen werden. Soweit es sich aber um eine spezielle Pflicht des Gehilfen handelt, die ihm gerade zur Verrichtung übertragen worden ist, gilt dieser Grundsatz nicht.[91]

Hier hatte der U gerade die Aufgabe, die Gegenstände der Bibliotheksnutzer zu bewachen und auch vor Diebstählen zu schützen. Damit handelte U auch in Ausübung der Verrichtung. Etwas anderes würde nur gelten, wenn diese Pflicht für U nicht bestanden hätte. Dann würde die Begehung des Delikts nur bei Gelegenheit der Verrichtung erfolgt sein und eine Haftung des G wäre ausgeschlossen.

4. Rechtswidrigkeit

Die Rechtwidrigkeit liegt hier vor.

5. Verschulden des Geschäftsherrn

Das Verschulden wird hier gemäß § 831 I 2 vermutet. Fraglich ist, ob G sich darauf berufen kann, dass er den U kontrollierte. Das scheitert hier aber daran, dass G dies nicht ordentlich tat. Da er den Verdacht hatte, der U begehe Straftaten, kam er seiner Pflicht zur Überwachung und Aufsicht nicht sorgfältig genug nach, indem er nur sporadisch und ungenau ein Auge auf U warf. Gerade der Verdacht hätte den G dazu veranlassen müssen, den U strikter zu kontrollieren. Stattdessen interessierte sich G nicht mehr für den Vorgang. G trifft damit ein Verschuldensvorwurf.

---

[91] Vgl. Hk-BGB/ *Staudinger*, § 831 Rn. 9.

6. Ergebnis

X hat gegen G einen Anspruch gemäß § 831 I 1 auf Ersatz seiner gestohlenen Gegenstände i.h.v. 1012,80 Euro. Ein Anspruch des X gegen U aus § 823 I bzw. § 823 II i.V.m. § 242 StGB besteht daneben auch.

Hinweis: Regelmäßig macht vor allem jüngeren Semestern die Abgrenzung von § 278 zu § 831 Schwierigkeiten. Hier kann man sich folgendes merken:

1. Ansprüche aus § 831 und aus einem Schuldverhältnis i.V.m. § 278 können **nebeneinander** bestehen und schließen sich nicht aus.

2. § 278 setzt das Bestehen einer **schuldrechtlichen Beziehung** zwischen Geschädigtem und Geschäftsherrn voraus, der § 831 kommt ohne dieses Erfordernis aus.

3. Bei § 278 spielt die **Weisungsgebundenheit** des Gehilfen keine Rolle.

4. Während § 831 eine **eigene Anspruchsgrundlage** ist, handelt es sich bei § 278 nur um eine **Zurechnungsnorm**.

5. § 831 begründet eine Haftung für **eigenes Verschulden** des Geschäftsherrn, während § 278 ihn für das (ihm fremde) Verschulden seines Gehilfen haftbar macht.

6. Daran anknüpfend hat der Geschäftsherr bei § 831 die Möglichkeit, sich vom **Verschuldensvorwurf zu befreien**. Dies ist nach § 278 nicht möglich.

Fall 12: Der unachtsame Babysitter

▶ **Standort:** BGB Schuldrecht BT, Deliktsrecht

Nach seinem Ausflug in die Gastronomie möchte Tobias Toors (T) doch lieber seinen Abschluss machen. Da er dazu pausenlos pauken muss, aber auch Geld benötigt, übernimmt er einen Job als Babysitter. Er passt deswegen regelmäßig auf den siebenjährigen Meikel von Oerten (M) auf und erhält von dessen Eltern dafür pro Stunde 25 Euro. T konzentriert sich aber wegen der anstehenden Klausur in „Südpazifischer Poesie" auf seine Bücher und vernachlässigt M. Die Eltern des M hatten T darauf hingewiesen, dass M mit Vorliebe mit Gabeln spielt. Deswegen sollte T darauf achten, dass er, nachdem er etwas gegessen hat, das Besteck sicher wegpackt. Als T eines Abends nach einem kurzen Mahl wieder an seine Bücher will, lässt er das abgewaschene Besteck einfach zum Trocknen neben der Spüle liegen. T ist in seine Studien so vertieft, dass er nicht bemerkt, wie M auf einen Stuhl klettert und die Gabel neben der Spüle an sich nimmt. Ebenso wenig fällt T auf, dass M durch die Hintertür des Elternhauses entschlüpft und die Gegend erkundet. M kommt auf seiner Entdeckungstour in die unverschlossene Garage des Nachbarn Götz (G). Als M die funkelnde Harley des G erblickt, kennt seine Freude keine Grenzen. Lachend bearbeitet M die Maschine mit seiner Gabel und verziert den Lack mit lustigen Zeichen und Männchen. Es entsteht ein Schaden von 1.311,77 Euro. G will T wegen Verletzung der Aufsichtspflicht in Anspruch nehmen.

Anspruch des G gegen T gemäß § 832
1. Aufsichtsbedürftige Person
2. Tatbestandsmäßige und rechtswidrige unerlaubte Handlung der aufsichtsbedürftigen Person
3. Aufsichtspflicht
4. Rechtswidrigkeit
5. Verschulden/ Exkulpation
6. Ergebnis

Anspruch des G gegen T gemäß § 832

1. Aufsichtsbedürftige Person

M müsste eine aufsichtsbedürftige Person i.S.d. § 832 sein. Nach § 832 ist eine Person u.a. aufsichtsbedürftig, wenn sie minderjährig ist. M ist sieben Jahre alt und deswegen nach § 2 noch nicht volljährig. Folglich bedarf M der Aufsicht.

2. Tatbestandsmäßige und rechtswidrige unerlaubte Handlung der aufsichtsbedürftigen Person

M müsste rechtswidrig eine unerlaubte Handlung begangen haben. Hier hat M die Harley des G zerkratzt, es liegt damit eine rechtswidrige Eigentumsverletzung durch M vor.

3. Aufsichtspflicht

Der T müsste zur Aufsicht über M verpflichtet gewesen sein. Eine solche Verpflichtung besteht im Rahmen des § 832 entweder kraft Gesetzes (§ 832 I 1) oder kraft Vertrages (§ 832 II). Hier hat sich T durch den Vertrag mit den Eltern des M zur Aufsicht über das Kind verpflichtet. Ihn trifft damit gemäß § 832 II eine Aufsichtspflicht kraft Vertrages.

4. Rechtswidrigkeit

T müsste rechtswidrig gehandelt haben. Das tat er auch. *durch Unterlassen seiner Aufsichtspflicht*

5. Verschulden/ Exkulpation

T müsste schuldhaft gehandelt haben. Das Verschulden wird bei der Haftung des § 832 vermutet. Allerdings könnte der T sich gemäß § 832 I 2 exkulpieren, wenn er entweder seiner Aufsichtspflicht genügt hat (Widerlegung der Verschuldensvermutung) oder wenn der Schaden auch bei gehöriger Aufsichtführung entstanden wäre (Widerlegung der Ursächlichkeitsvermutung).

T hat erstens trotz des ausdrücklichen Hinweises der Eltern die Gabeln nicht sicher vor M verstaut. Zudem hat er sich überhaupt nicht um das Treiben des kleinen Meikel geschert. Er hätte jedoch zumindest in Abständen nach dem

Kind sehen müssen. Das tat T nicht. Hier hat T also seine Aufsichtspflicht verletzt. Der Schaden wäre auch nicht bei gehöriger Aufsichtsführung entstanden, da T dann die Gabel weggeschlossen und M überdies das Haus nicht hätte verlassen können. T kann sich nicht exkulpieren.

6. Ergebnis

G hat gegen T einen Anspruch gemäß § 832 I 1, II auf Schadenersatz i.H.v. 1.311,77 Euro.

Hinweis: Wie gesehen, ist der § 832 parallel zum § 831 aufgebaut, ebenso wie alle weiteren Fälle der Haftung für vermutetes Verschulden des Tierhalters, Tieraufsehers usw., §§ 833 S. 2, 834 S. 2 und 836-838.

Fall 13: Giraffentheater

▶ **Standort:** BGB Schuldrecht BT, Deliktsrecht

Als die pensionierte Zollbeamtin Silke Süller (S) hört, dass
der bankrotte Kleinzirkus Maximus seine Tiere verkaufen
muss, zögert sie nicht und nimmt eine zahme Zwerggiraffe
zu sich. Sie besitzt in einem ruhigen Vorort eine Villa mit
großem, wildem Garten, der durch eine hohe Hecke von den
Nachbargrundstücken abgetrennt ist. Die Behörden haben
gegen die eigentlich verbotene Haltung nichts einzuwenden
und erteilen eine Sondergenehmigung für die Haltung. Eines
der Nachbarhäuser hat vor kurzem der sehr zurückgezogen
lebende Rentner Manfred Mutig (M) erworben, der sich seinen Lebensabend nicht zuletzt mit dem Anbau von Kohl ver-
süßt. M und S hatten noch nicht das Vergnügen miteinander, und so ist M der einzige in der Umgebung, dem S noch
nicht von ihrem neuen Haustier erzählt hat. Nachdem sich
die Giraffe an die neue Umgebung gewöhnt hat, entdeckt
sie eines Abends das Kohlbeet des M und frisst es vollkom-
men leer. Als M das geplünderte Beet frühmorgens entdeckt, ist das Tier für M nicht sichtbar auf der anderen Seite
der Hecke. Von dem wütenden Gejammer des M angezo-
gen, steht die Giraffe auf und sieht nach dem Rechten. Als
sie den M erblickt, verwechselt sie ihn mit einem Kohl und
langt herzhaft von oben mit ihrer starken Zunge nach seinem Kopf. Der M erleidet dabei eine tiefe Wunde sowie eine
Gehirnerschütterung und muss deswegen für eine Woche im
Krankenhaus liegen. Hat M gegen die S einen Anspruch aus
§ 833?

Anspruch des M gegen S gemäß § 833 S. 1
1. Tierhalter als Anspruchsgegner
2. Tier/ Luxustier
3. Rechtsgutsverletzung
4. Verwirklichung einer spezifischen Tiergefahr
5. Rechtswidrigkeit
6. Ergebnis

Anspruch des M gegen S gemäß § 833 S. 1

M könnte gegen S gemäß § 833 S. 1 einen Anspruch auf Schadenersatz haben.

1. Tierhalter als Anspruchsgegner

S müsste Tierhalter i.S.d. § 833 sein. Tierhalter ist derjenige, der die Bestimmungsmacht über das Tier hat, aus eigenem Interesse für die Kosten des Tieres aufkommt und neben weiteren Kriterien den allgemeinen Wert und Nutzen des Tieres für sich in Anspruch nimmt. Entscheidend kommt es bei der Haltereigenschaft auf die tatsächlichen und nicht auf die rechtlichen Verhältnisse, etwa Eigentum oder Eigenbesitz, an.[92] S hat die Giraffe erworben und hält sie auf ihre Kosten in ihrem Garten, womit sie Halter des Tieres ist.

2. Tier/ Luxustier

§ 833 unterscheidet in der Haftung zwischen so genannten „Luxustieren" (S. 1) und „Haustieren" (S. 2), wobei jedoch ein Luxustier auch ein Haustier sein kann. Die Giraffe müsste ein Tier i.S.d. § 833 S. 1 sein. Dies sind alle Tiere, die keine Haustiere i.S.d. § 833 S. 2 sind.[93] Dies ist bei der Giraffe der Fall, sie ist damit ein Luxustier.

3. Rechtsgutsverletzung

Ein Rechtsgut des M müsste verletzt worden sein. Hier hatte die Giraffe den M mit der Zunge verletzt und ihn somit auch in seiner körperlichen Integrität beeinträchtigt. Die Gehirnerschütterung stellt eine Verletzung der Gesundheit dar. Zudem wurde eine im Eigentum des M stehende Sache beschädigt als die Giraffe seinen Kohl fraß.

---

[92] Vgl. PWW/ *Schaub*, § 833 Rn. 6.
[93] Vgl. Hk-BGB/ *Staudinger*, § 833 Rn. 1.

4. Verwirklichung einer spezifischen Tiergefahr

Die Rechtsgutsverletzungen müssen durch das Tier verursacht worden sein, d.h. es muss sich in der Rechtsgutsverletzung eine typische Tiergefahr verwirklicht haben. Was darunter zu verstehen ist, ist umstritten:

Wurde früher eine Unterscheidung von **willkürlichem** und **natürlichem** Tierverhalten vorgenommen, wird in der neueren Rechtsprechung das Kriterium der **Unberechenbarkeit tierischen Verhaltens** verwendet. Das gezeigte Verhalten muss demnach der tierischen Natur entsprechend unberechenbar und selbständig sein. [94]

Das Kriterium der Unberechenbarkeit tierischen Verhaltens wird teilweise in der Literatur abgelehnt, da damit der Anwendungsbereich des § 833 zu sehr eingeschränkt werde. So würden nach der Rechtsprechung Fälle, in denen das Verhalten des Tieres auf Abrichtung beruht und damit zumindest teilweise berechenbar ist, aus dem Anwendungsbereich der Tierhalterhaftung fallen. Gleiches gilt für natürliche bzw. instinktive Verhaltensweisen, die deswegen ebenso wenig als unvorhersehbar gelten können.[95] Für die sich realisierende Gefahr spielt es keine Rolle, ob das Verhalten des Tieres arttypisch oder durch ein Aufschrecken etwa unberechenbar ist. Deswegen ist der letztgenannten Meinung zu folgen. Letztendlich liegt in jedem tierischen Verhalten, sofern es nicht konkret von einem Menschen gesteuert wird, eine spezifische Tiergefahr i.S.d. § 833.[96] Auszunehmen sind nur Fälle, in denen das Verhalten des Tieres nicht selbsttätig und die Wirkung rein mechanisch ist.[97]

---

[94]   Vgl. Hk-BGB/ *Staudinger,* § 833 Rn. 4.
[95]   Vgl. PWW/ *Schaub,* § 833 Rn. 4.
[96]   Vgl. Peifer, Gesetzliche Schuldverhältnisse, § 4 Rn. 25.
[97]   Vgl. PWW/ *Schaub,* § 833 Rn. 4.

Wäre etwa die Giraffe aus einem Flugzeug auf den Kopf des M gefallen und hätte aufgrund ihres Gewichts die gesundheitlichen Schäden hervorgerufen, so könnte von einer spezifischen Tiergefahr und damit einer Anwendung des § 833 keine Rede sein!

Danach hat sich hier eine spezifische Tiergefahr realisiert. Es liegt auch ein Kausalzusammenhang zwischen Tiergefahr und Rechtsgutsverletzung vor.

5. Rechtswidrigkeit
Die Haftung des § 833 S. 1 setzt Rechtswidrigkeit voraus, die gegeben ist, sofern etwa keine Pflicht zur Duldung der Einwirkung durch das Tier gegeben ist.[98] Eine derartige Pflicht zur Duldung ist hier nicht ersichtlich.

6. Ergebnis
M hat gegen S einen Anspruch gemäß § 833 S. 1 auf Schadenersatz für den gefressenen Kohl, die Kosten des Krankenhausaufenthalts und aller weiteren damit verbundenen Ausgaben sowie auf Schmerzensgeld.

Beachte: Von allen Gefährdungshaftungstatbeständen wird § 833 S. 1 am häufigsten in Prüfungen abgefragt. Deswegen sollte seine Kenntnis nicht unterschätzt und der hier dargelegte Streit beherrscht werden. Allen Gefährdungshaftungen liegt der Gedanke zugrunde, dass derjenige, der im eigenen Interesse eine Quelle für Gefahren schafft oder unterhält, auch *ohne Verschulden* für entsprechende Verletzungen der Rechtsgüter Dritter einstehen muss.[99]

---

[98] Vgl. PWW/ *Schaub*, § 833 Rn. 8.
[99] Vgl. BGH NJW 1974, 235.

Fall 14: Die arme Ziege

▶ **Standort:** BGB Schuldrecht BT, Kondiktion

Die sechzehnjährige Gaby Gristianelsky (G) lebt auf dem Land und liebt Tiere. Sie hat vom benachbarten Bauern Bullentreiber (B) eine kleine Zuchtziege für 80 € erworben. Das Geld hatte sie sich von den Eltern schenken lassen mit der Lüge, sie wolle damit Tuba-Unterricht nehmen. B kennt die Familie seit Jahren und hatte keinen Anlass, an der „Richtigkeit" des Kaufes zu zweifeln. G hatte ihm erzählt, dass die Eltern ihr erlaubt hätten, den Kauf mit ihrem Taschengeld zu finanzieren. B hatte das Geld gleich in seinen Sparstrumpf zu vielen anderen Geldscheinen gesteckt. G wusste, dass, wenn ihre Eltern von dem Geschäft erführen, sie dieses nicht billigen würden und sie die Ziege nicht behalten dürfte. Darum bringt G das Zicklein im Zwinger des Familienkampfhundes Wuffi unter, um sie dort zu verstecken, doch tötet Wuffi die Ziege, anstatt mit ihr zu spielen. Erst aufgrund dieser Tragödie erfahren Gabys Eltern von dem Kauf und veranlassen G, das Geld vom B zurückzuverlangen. Mit Erfolg?

I. Anspruch der G gegen B aus §§ 951 I iVm. 812 I 1 Alt. 1, 818 II
1. Etwas erlangt
2. Durch eine Leistung
3. Ergebnis

II. Anspruch der G gegen B aus §§ 951 I iVm. 812 I 1 Alt. 2, 818 II
1. Etwas erlangt
2. In sonstiger Weise
3. Auf Kosten des Bereicherungsgläubigers
4. Ohne Rechtsgrund
5. Rechtsfolge
6. Anwendung der Saldotheorie?
a) Problem Entreicherung
b) Problem verschärfte Haftung
7. Ergebnis

I. Anspruch der G gegen B auf Wertersatz i.H.d. Kaufpreises, §§ 951 I iVm. 812 I 1 Alt. 1, 818 II

G könnte einen Anspruch gemäß §§ 812 I 1 Alt. 1, 818 II auf Wertersatz i.H.d. Kaufpreises haben.

1. Etwas erlangt

B müsste etwas erlangt haben. Hier käme das Eigentum und der Besitz an dem von G gezahlten Geld in Betracht. Das Eigentum könnte nach § 929 S. 1 übergegangen sein. Dazu bedarf es der dinglichen Einigung, also der übereinstimmenden Willenserklärungen, dass das Eigentum übergehen soll. Diese liegen beide soweit vor. Fraglich ist aber, ob die Willenserklärung der G wirksam ist. Die G ist aufgrund ihres Alters beschränkt geschäftsfähig. Das Rechtsgeschäft ist für sie rechtlich von Nachteil, weil sie dadurch ihr Eigentum verliert. Deswegen bedarf sie der Zustimmung ihrer Eltern, §§ 107, 108. Diese liegt aber nicht vor. Auch greift der § 110 nicht, da sie das Geld zwecks Bezahlung von Tuba-Unterricht erhalten hatte. Damit war die dingliche Einigung schwebend unwirksam, eine wirksame Übereignung des Geldes nach § 929 S. 1 lag soweit nicht vor.

Allerdings könnte der B das Eigentum gem. §§ 947, 948 durch Vermischung erlangt haben. Hier hat B die Geldscheine der G in seinem Sparstrumpf mit seinen Banknoten vermengt. Damit ist der Tatbestand des § 948 I erfüllt, B hat also Eigentum an den Geldscheinen der G erlangt.

Da B gem. § 948 I das Eigentum erlangt hat, ist zunächst der § 951 einschlägig, der auf die Vorschriften des Bereicherungsrechtes verweist. § 951 enthält einen Rechtsgrundverweis, so dass §§ 812 ff. auch bezogen auf ihren Tatbestand zu prüfen sind.[100]

---

[100] Vgl. Palandt-*Bassenge*, § 951 Rn. 2.

2. Durch eine Leistung

B müsste das Eigentum auch durch Leistung der G erlangt haben. B hat das Eigentum aber durch Vermengung erlangt, eine Leistung der G liegt folglich nicht vor.

3. Ergebnis

G hat gegen B keinen Anspruch auf Erstattung des Kaufpreises gemäß §§ 951 I iVm. 812 I 1 Alt. 1, 818 II.

II. Anspruch der G gegen B auf Wertersatz i.H.d. Kaufpreises, §§ 951 I iVm. 812 I 1 Alt. 2, 818 II

G könnte einen Anspruch gemäß §§ 951 I iVm. 812 I 1 Alt. 2, 818 II auf Wertersatz i.H.d. Kaufpreises haben.

1. Etwas erlangt

B hat hier das Eigentum an dem Geld der G erlangt.

2. In sonstiger Weise

Dies müsste B auch in sonstiger Weise erlangt haben. In sonstiger Weise bedeutet, dass das bereicherungsrechtliche „etwas" nicht durch Leistung erlangt worden ist. Dies ist, wie ausgeführt nicht der Fall. Hier kommt eine Bereicherung durch Eingriff, also eine so genannte Eingriffskondiktion, in Betracht. Ein Eingriff liegt in Fällen des gesetzlichen Eigentumserwerbes kraft §§ 947 f. vor.[101]

3. Auf Kosten des Bereicherungsgläubigers

Der Eingriff müsste auch auf Kosten des Bereicherungsgläubigers, hier der G, erfolgt sein. Das ist der Fall, wenn der Vorteil von der Rechtsordnung dem Gläubiger zugewiesen war („Lehre vom Zuweisungsgehalt"), etwa beim Eingriff in absolute dingliche Rechte.[102]

---

[101] Vgl. Peifer, Gesetzliche Schuldverhältnisse, § 10 Rn. 1.
[102] Vgl. PWW/ *Leupertz,* § 812 Rn. 61 f.

Hier hat G durch die Vermengung des B ihr Eigentum verloren, der Eingriff geschah damit auf Kosten der G.

4. Ohne Rechtsgrund

Es dürfte dem Eingriff kein Rechtsgrund zugrunde liegen. B und G schlossen einen Vertrag über den Kauf des Zickleins, das Geld wurde zwecks Erfüllung einer Zahlungspflicht übergeben. Wäre der Kaufvertrag wirksam, bestünde für B ein Rechtsgrund zum Behaltendürfen des Geldes. Da G mit 16 Jahren beschränkt geschäftsfähig ist und keine Einwilligung der Eltern vorlag, war der Kaufvertrag schwebend unwirksam, §§ 107, 108. Eine Anwendung des § 110 scheidet hier aus, denn obgleich G dem B sagte, sie bezahle mit ihrem Taschengeld, entsprach das nicht der Wahrheit. Eine entsprechende Einwilligung[103] i.S.d. § 110 lag damit nicht vor. Der Vertrag war infolge der Verweigerung der Genehmigung durch die Eltern unwirksam. Damit fehlt ein Rechtsgrund.

5. Rechtsfolge

Insoweit hätte G einen Anspruch auf Herausgabe des Erlangten nach § 818 I oder Wertersatz i.H.d. Kaufpreises gemäß §§ 812 I 1 Alt. 2, 818 II.

6. Anwendung der Saldotheorie?

Fraglich ist, inwiefern die Saldotheorie hier Anwendung finden kann.

a) Problem Entreicherung

Fraglich ist, ob G hier entreichert i.S.d. § 818 III ist. Denn nach der Saldotheorie müsste G sich im Falle der Entreicherung den Wert der Ziege als Wert der Entreicherung zum Abzugsposten von ihrem Bereicherungsanspruch gegen B machen lassen. Dies würde bedeuten, dass sie nur einen Anspruch auf den Kaufpreis abzüglich des Wertes der Ziege gegen B hätte.

---

[103] Zur Bedeutung des § 110 PWW/ *Völzmann-Stickelbrock*, § 110 Rn. 1.

Allerdings wird von der Anwendung der Saldotheorie dann eine Ausnahme gemacht, wenn zwingende Wertungen dem entgegenstehen.[104] So wird beispielsweise die Saldotheorie dann nicht angewendet, wenn sie zu Lasten nicht voll Geschäftsfähiger gehen würde, denn das würde die gesetzliche Wertungsentscheidung der §§ 104 ff. unterlaufen. Diese sollen den nicht (voll) Geschäftsfähigen vor Folgen seines rechtsgeschäftlichen Handelns schützen.[105] Dem würde aber hier konkret gerade widersprochen, wenn der Anspruch aus dem Bereicherungsrecht um den Wert der Gegenleistung, hier der Ziege, gekürzt würde. Hierdurch würde der Minderjährige quasi am Vertrag festgehalten. Danach ist die Saldotheorie in diesem Falle nicht anzuwenden, G kann den ganzen Kaufpreis von B verlangen.

b) Problem: verschärfte Haftung
Es stellt sich überdies das Problem der verschärften Haftung. Es ist fraglich, ob G gemäß §§ 819 I, 818 IV verschärft haftet. Diese Haftung knüpft allerdings an die Kenntnis des fehlenden Rechtsgrundes an. G besaß diese Kenntnis laut Sachverhalt zwar, da sie davon ausging, dass ihre Eltern mit dem Kauf nicht einverstanden sein würden und sie deswegen die Ziege sogar versteckte.

Doch ist nach h.M.[106] nicht analog § 828 III die Kenntnis des Minderjährigen, sondern diejenige der gesetzlichen Vertreter, meist also die der Eltern, maßgeblich. Da die Eltern der G erst nach dem Verlust der Ziege von dem Kauf erfuhren, scheidet eine verschärfte Haftung der G aus.

7. Ergebnis
G hat gegen B einen Anspruch auf Erstattung des Kaufpreises gemäß §§ 951 I iVm. 812 I 1 Alt. 2, 818 II.

---

[104] Vgl. zum Meinungsstand und weiteren Ausnahmen als der hier genannten PWW/ *Leupertz,* § 818 Rn. 32 ff.
[105] Vgl. Hk-BGB/ *Schulze,* § 818 Rn. 16.
[106] Vgl. PWW/ *Leupertz,* § 819 Rn. 6.

Fall 15: Tanzvergnügen

▶ **Standort:** BGB Schuldrecht BT, Kondiktion

Tanzlehrerin Tina-Tusnelda Trittlos (T) will im Laden des Musikalienhändlers Vierteltakt (V) die CD „Tanzvergnügen" der Gruppe Vergnügungstanz kaufen. T verspricht sich aber und bittet um die CD „Vergnügliches Tanzen", die der V ihr auch gibt. Kaum vor die Ladentüre getreten, bemerkt sie ihren Irrtum. Sie kehrt auf dem Absatz um und verlangt vom V ihr Geld zurück, das noch auf der Ladentheke liegt.

1. Kann T ihr Geld zurückverlangen?
2. Was ist, wenn T ihren Irrtum erst zu Hause bemerkt, telefonisch den Vertrag anficht und auf dem Weg zu V die CD bei einem unverschuldeten Unfall zu Bruch geht? Kann T ihr Geld zurückverlangen und V seine CD? Der V hat inzwischen weitere Geschäfte getätigt und deswegen die Geldscheine von T nicht mehr.
3. T hat Schuld am Unfall, Ansprüche des V aus §§ 812 ff.?

I. **Frage 1: Anspruch der T gegen V gemäß § 812 I 1 Alt. 1**
1. Etwas erlangt
2. Durch Leistung
3. Ohne Rechtsgrund
4. Ergebnis

II. **Frage 2**
1. **Anspruch des V gegen T gemäß § 812 I 1 Alt. 1**
a) Etwas erlangt
b) Durch Leistung
c) Ohne Rechtsgrund
d) Rechtsfolge

2. **Anspruch der T gegen V gemäß § 812 I 1 Alt. 1**
a) Etwas erlangt
b) Durch Leistung
c) Ohne Rechtsgrund
d) Rechtsfolge
aa) Problem: Entreicherung von T
bb) Zwischenergebnis
e) Ergebnis

III. Frage 3: Anspruch des V gegen T auf Rückübereignung
der CD gemäß § 812 I 1 Alt. 1
1. Etwas erlangt
2. Durch Leistung
3. Ohne Rechtsgrund
4. Problem: Verschärfte Haftung
a) Problem: Entreicherung
b) Verschärfte Haftung
5. Ergebnis

I. Frage1: Anspruch der T gegen V auf Rückgabe des Geldes gemäß § 812 I 1 Alt. 1

Ein Anspruch der T gegen den V auf Rückgabe des Geldes könnte sich aus § 812 I 1 Alt. 1 ergeben.

1. Etwas erlangt

V müsste etwas erlangt haben. Darunter versteht man jeden Vermögensvorteil. Der Begriff des Vermögensvorteils ist sehr weit zu fassen und kann in erworbenen Rechtspositionen, in Befreiung von Schulden und Lasten sowie in Gebrauchsvorteilen und Dienstleistungen bestehen.[107] Hier hat V das Eigentum und den Besitz an dem von T gezahlten Geld erlangt.

Beachte: Ein häufiger Fehler ist es, an diesem Punkt nur Geld oder einen Gegenstand als Erlangtes anzusehen. Es kommt hier nämlich auf die rechtliche Zuordnung an, d.h. dass in diesen Fällen etwa das Eigentum oder der Besitz an den Gegenständen das Erlangte ist.

2. Durch Leistung

V müsste das Erlangte durch Leistung der T erhalten haben. Eine Leistung ist jede bewusste und zweckgerichtete Mehrung fremden Vermögens (sog. doppelte Finalität).[108] T hat das Geld an V übereignet, um ihre Verpflichtung aus einem Kaufvertrag mit V über die CD zu erfüllen, also das Vermö-

---

[107] Vgl. Brox, Besonderes Schuldrecht, Rn. 2-5.
[108] Vgl. Hk-BGB/ *Schulze*, § 812 Rn. 5; BGHZ 58, 188.

gen des V bewusst und zweckgerichtet vermehrt. V hat damit durch Leistung der T das Eigentum und den Besitz am Geld erworben.

3. Ohne Rechtsgrund/ Anfechtung des Kaufvertrages

V müsste das Eigentum und den Besitz an dem Geld ohne Rechtsgrund erlangt haben. Der zwischen T und V geschlossene Kaufvertrag über die CD war hier der rechtliche Grund für die Leistung der T. Dieser Vertrag könnte aber wegen Anfechtung durch T gemäß § 142 I von Anfang an nichtig sein.

Zu prüfen ist deswegen, ob T den Kaufvertrag wirksam angefochten hat. Dazu müssten die Voraussetzungen einer wirksamen Anfechtung vorliegen, also ein Anfechtungsgrund, die Erklärung der Anfechtung und die Einhaltung der gesetzlichen Frist.[109]

Da die T sich hier versprochen hat, liegt ein Erklärungsirrtum i.S.v. § 119 I Alt. 2. vor.[110] Sie hat auch i.S.v. § 143 I die Anfechtung (konkludent) erklärt, indem sie von V ihr Geld zurückverlangte. Die Erklärung war auch fristgerecht i.S.d. § 121, da die T sofort, nachdem sie ihren Irrtum bemerkt hatte, auf dem Absatz kehrtgemacht und ihr Geld zurückverlangt hat. Eine wirksame Anfechtung liegt vor, der Kaufvertrag ist deswegen gemäß § 142 I ex tunc, d.h. von Beginn an, nichtig.

Da der Kaufvertrag von Anfang an nichtig war, fehlt auch der rechtliche Grund für die Übereignung des Geldes. V hat das Eigentum an dem Geld somit rechtsgrundlos erlangt.

4. Ergebnis

T hat gegen V einen Anspruch auf Rückzahlung, d.h. auf Übertragung von Eigentum und Besitz am Geld, gemäß § 812 I 1 Alt. 1.

---

[109] Zu den Voraussetzungen der Anfechtung allgemein s. Musielak, Grundkurs BGB, § 5.
[110] Siehe näher zum Erklärungsirrtum PWW/ *Ahrens,* § 119 Rn. 23.

II. Frage 2

1. Anspruch des V gegen T auf Rückübereignung der CD gemäß § 812 I 1 Alt. 1

V könnte gegen T einen Anspruch auf Rückübereignung der CD gemäß § 812 I 1 Alt. 1 haben.

a) Etwas erlangt

T hat das Eigentum und den Besitz an der CD und damit „etwas" i.S.d. § 812 I 1 erlangt.

b) Durch Leistung

Sie hat dies auch durch eine Leistung des V erlangt.

c) Ohne Rechtsgrund

Da T den Kaufvertrag wirksam angefochten hat, liegt kein Rechtsgrund für die Leistung vor.

d) Ergebnis

Bei der Rückabwicklung im Bereicherungsrecht muss an erster Stelle das Erlangte zurückgegeben werden.[111] T müsste deswegen gemäß § 812 I 1 Alt. 1 i.V.m. § 818 I die CD dem V rückübereignen, d.h. das erlangte Eigentum und den Besitz daran dem V verschaffen. Das ist aber unmöglich, da die CD zerstört worden ist und demnach nicht herausgegeben werden kann. Nach der Vorschrift des § 818 II ist in solchen Fällen grundsätzlich Wertersatz für den Gegenstand zu leisten,[112] der sich in Geld bemisst.[113] Allerdings könnte diese Wertersatzpflicht gemäß § 818 III entfallen. Es ist nämlich dann kein Wertersatz zu leisten, wenn der Empfänger der Leistung nicht mehr bereichert ist. Dies ist dann der Fall, wenn der Empfänger nach Saldierung der Aktiv- und Passivposten keinen Überschuss in seinem Vermögen hat.[114]

---

[111] Vgl. PWW/ *Leupertz*, § 818 Rn. 3.
[112] Vgl. PWW/ *Leupertz*, § 818 Rn. 9.
[113] Vgl. PWW/ *Leupertz*, § 818 Rn. 13.
[114] Vgl. Palandt -*Sprau*, § 812, Rn. 29.

84

Die CD ist zerstört. T ist deshalb entreichert. V hat deswegen auch keinen Anspruch auf Wertersatz gegen T gemäß §§ 812 I 1 Alt. 1, 818 II.

2. Anspruch der T gegen V auf Wertersatz i.H.d. Kaufpreises gemäß §§ 812 I 1 Alt. 1, 818 II

T könnte gegen V einen Anspruch auf Rückgabe des Kaufpreises gemäß §§ 812 I 1 Alt. 1, 818 II haben.

a) Etwas erlangt
V müsste etwas erlangt haben. Er hat das Eigentum und den Besitz an dem Geld erlangt.

b) Durch Leistung
Er hat dies auch durch eine Leistung von T erlangt.

c) Ohne Rechtsgrund
Da T den Kaufvertrag wirksam angefochten hat, liegt kein Rechtsgrund für die Leistung vor.

d) Rechtsfolge
Hiernach hätte T einen Anspruch auf Wertersatz i.H.d. Kaufpreises gemäß §§ 812 I 1 Alt. 1, 818 II.

aa) Problem: Entreicherung der T
Dieses Ergebnis könnte unbillig sein, denn während die T ihr Geld zurückerhält, kann V keinen Ausgleich für seine inzwischen zerstörte CD verlangen. Beide Parteien tragen jedoch keine Schuld an dem Untergang der CD. Es ist deshalb die so genannte Saldotheorie anzuwenden. Nach dieser heute h.M.[115] muss sich bei Vorliegen eines gegenseitigen Vertrages derjenige, der sich auf Entreicherung beruft, den Wert der eigenen Entreicherung zum Abzugsposten des eigenen bereicherungsrechtlichen Anspruchs machen lassen.

---

[115] Vgl. Musielak, Grundkurs BGB, Rn. 731.

Dies begründet die h.M. damit, dass nicht derjenige im gegenseitigen Vertrag den Verlust tragen soll, der ursprünglich kein Geld geschuldet hat.[116] Dies bedeutet, dass T sich von ihrem Wertersatzanspruch den Wert der CD abziehen lassen muss.

bb) Zwischenergebnis
T hat keinen uneingeschränkten Anspruch auf Wertersatz i.H.d. Kaufpreises gemäß §§ 812 I 1 Alt. 1, 818 II.

e) Ergebnis
T hat nur einen Anspruch i.H.d. Restkaufpreises, der den Wert der CD übersteigt.

III. Frage 3: Anspruch des V gegen T auf Rückübereignung der CD gemäß § 812 I 1 Alt. 1

V könnte gegen T einen Anspruch gemäß § 812 I 1 Alt. 1 auf Herausgabe und Rückübereignung der CD haben.

1. Etwas erlangt
T hat das Eigentum und den Besitz an der CD erlangt.

2. Durch Leistung
Sie hat dies auch durch eine Leistung von V erlangt.

3. Ohne Rechtsgrund
Dies geschah wegen der Anfechtung ohne Rechtsgrund.

4. Problem: Entreicherung, verschärfte Haftung

a) Entreicherung
Die CD ist untergegangen. T müsste deshalb grundsätzlich Wertersatz gemäß §§ 812 I 1 Alt. 1, 818 II leisten. Sie ist jedoch, wie oben gezeigt, grundsätzlich entreichert, § 818 III.

---

[116] Vgl. Brox/ Walker, Besonderes Schuldrecht, § 39 Rn. 12. Zu den Ausnahmen zu der grundsätzlich anzuwendenden Saldotheorie s. Brox/ Walker, Besonderes Schuldrecht, § 39. Rn. 14 ff.

b) Problem: verschärfte Haftung

Allerdings könnte T gemäß §§ 819 I, 818 IV, 292, 989 verschärft haften. Hiernach haftet der Bereicherungsschuldner dann nach allgemeinen Regeln auf Schadenersatz, wenn er zum Zeitpunkt der schädigenden Handlung Kenntnis vom Mangel des rechtlichen Grundes hatte und er den Untergang verschuldet hat.[117]

T hat den Vertrag wirksam angefochten. Danach hat sie einen Verkehrsunfall verschuldet, bei dem die CD zerstört wurde. Sie hatte deshalb von dem Mangel des rechtlichen Grundes Kenntnis zu dem Zeitpunkt, als die CD durch ihr Verschulden unterging. Sie hat deshalb hierfür Schadenersatz zu leisten, so dass es nicht beim Ausgangspunkt der Entreicherung (§ 818 III) bleibt.

5. Ergebnis

V hat gegen T gemäß §§ 812 I 1 Alt. 1, 819 I, 818 IV, 292, 989, 990 einen Anspruch auf Schadenersatz für die zerstörte CD.

---

[117] Zu den Einzelheiten der verschärften Haftung und dazu, was diese „allgemeinen Vorschriften" i.S.d. § 818 IV sind, s. Musielak, Grundkurs BGB, Rn. 736 f.

Fall 16: Das Honiglager

▶ **Standort:** BGB Schuldrecht BT, Kondiktion

Die Hobbyimkerin Heike Hichmann (H) hat solch ein Geschick mit ihren Bienenvölkern bewiesen, dass sie vor lauter Honig nicht mehr weiß, wo sie diesen lagern soll. Als sie erfährt, dass die ihr bekannte Swantje (S) ein Zimmer in ihrem Haus frei hat, begibt sie sich zu ihr und versucht, das Zimmer als Zwischenlager zu mieten. S ist sich aber nicht sicher, ob sie das will, da vielleicht ihr Freund in das Zimmer einziehen möchte. Um die zweifelnde S zu ihren Gunsten zu überzeugen, drückt H ihr sechs 100-Euro-Scheine, was der Kaution entsprechen würde, mit der ausgesprochenen Erwartung in die Hand, den Mietvertrag bald unterzeichnen zu können. S steckt das Geld kommentarlos sein. S vermietet schließlich das Zimmer nicht an H. Kann H von S das Geld zurückverlangen?

Anspruch der H gegen S auf Zahlung von 600 Euro gemäß § 812 I 2 Alt. 2
1. Vorüberlegung
2. Etwas erlangt durch eine Leistung
3. Nichteintritt des bezweckten Erfolges
4. Ergebnis

Anspruch der H gegen S auf Zahlung von 600 Euro gemäß § 812 I 2 Alt. 2

H könnte gegen S einen Anspruch auf Rückzahlung von 600 Euro gemäß § 812 I 2 Alt. 2 haben.

1. Vorüberlegung
In Betracht kommt hier eine Leistungskondiktion. **Grundsätzlich** kommt es bei der genauen Bestimmung der Anspruchsgrundlage darauf an, welcher **Leistungszweck** gesetzt und inwiefern dieser verfehlt wurde.[118] Hier ist Zweck

---

[118] Vgl. Peifer, Gesetzliche Schuldverhältnisse, § 9 Rn. 6.

88

der Leistung das Herbeiführen eines Erfolges in Form des Abschlusses eines Mietvertrages. Da der bezweckte Erfolg nicht eingetreten ist, kommt eine *condictio ob rem datorum*[119] nach § 812 I 2 Alt. 2 in Betracht. Diese Kondiktionsart ist einschlägig, wenn mit einer Leistung ein Zweck verfolgt wird, der gerade nicht in der Erfüllung einer Schuld und damit außerhalb einer Vertragspflicht liegt.[120]

2. Etwas erlangt durch Leistung
S müsste zunächst etwas erlangt haben. Sie hat das Eigentum und den Besitz an den Geldscheinen erlangt. Dies geschah auch durch eine Leistung der H.

3. Nichteintritt des bezweckten Erfolges
Für einen Anspruch aus § 812 I 2 Alt. 2 muss ein außerhalb des Vertrages liegender und bezweckter Erfolg, den die Parteien verfolgen, ausgeblieben sein. Über den Eintritt dieses Erfolges als außerhalb der vertraglichen Vereinbarung liegender Zweck muss jedoch immerhin eine tatsächliche Einigung bestanden haben. Es reicht nicht aus, wenn nur einseitig der Erfolgseintritt vorausgesetzt worden ist.[121] Hier hatte die Übereignung des Geldes den verfolgten Zweck, einen Mietvertrag abzuschließen. Die H hatte dies ausdrücklich der S gesagt. Eine Vereinbarung zwischen H und S ist darin zu sehen, dass S das Geld mit dem Wissen um diese Absicht der H annahm und so konkludent zustimmte. Da der Mietvertrag schließlich nicht abgeschlossen wurde, wurde der Zweck nicht erreicht, der Erfolg blieb aus.

4. Ergebnis
H hat gegen S einen Anspruch auf Zahlung von 600 Euro gemäß §§ 812 I 2 Alt. 2, 818 II.

---

[119] Auch *causa data causa non secuta*. Das Kondiktionsrecht basiert auf dem römischen Recht und entsprechend sind die einzelnen Arten der Leistungskondiktion nach römisch-rechtlichen Vorbildern benannt. Diese Namen spielen für die reine Fallösung zwar keine Rolle, doch sollte man sie als gut ausgebildeter Jurist im Examen kennen.

[120] Vgl. Peifer, Gesetzliche Schuldverhältnisse, § 9 Rn. 11.

[121] Vgl. PWW/ *Leupertz*, § 812 Rn. 42.

Fall 17: Das geflügelte Wort

▶ **Standort:** BGB Schuldrecht BT, Kondiktion

Der junge Starpianist Jay Cee (J) ist durch zahlreiche Auftritte im In- und Ausland berühmt und ein viel gefragter Künstler. Deswegen ist er auch ein begehrter Werbeträger, was der Hühnerbaron Friedbert Flatterich (F) ausnutzen möchte. F will bundesweit Anzeigen schalten, in denen J abgebildet ist und folgenden Satz zu sprechen scheint: „Auf diese Flügel steh' ich auch!". J verlangt auf Anfrage des F dafür 1.481.980 Euro, was dem F zu teuer ist. Kurzerhand führt F diese Kampagne ohne Genehmigung des J durch. Dank des Werbefeldzuges mit dem Konterfei des J verdient F genau 2.581.981 Euro, wie ihm sein Buchhalter freudig mitteilt. Als J davon erfährt, ist er zutiefst erbost und verlangt von F seinen Anteil an dem Geld. Welche bereicherungsrechtlichen Ansprüche hat J gegen F?

Anspruch des J gegen F gemäß § 812 I 1 Alt. 2
1. Etwas erlangt
2. In sonstiger Weise/ Eingriff
3. Auf Kosten
4. Ohne Rechtsgrund
5. Ergebnis

Anspruch des J gegen F gemäß § 812 I 1 Alt. 2

J könnte gegen F einen Anspruch gemäß § 812 I 1 Alt. 2 auf Zahlung von 1.481.990 Euro haben.

1. Etwas erlangt

F müsste etwas erlangt haben. In diesem Fall hat der F das Bild des J gebraucht. Für dieses Recht hätte er dem J 1.481.980 Euro zahlen müssen. Dies hat er nicht getan und entsprechend den Betrag als Aufwendung erspart. Ersparte Aufwendungen sind ebenfalls ein erlangtes „etwas" i.S.d. § 812.[122] F hat damit die ersparten Aufwendungen in Höhe von 1.481.980 Euro erlangt.

---

[122] Vgl. Palandt-*Sprau*, § 812 Rn. 28.

2. In sonstiger Weise/ Eingriff

F müsste dies auch in sonstiger Weise erlangt haben. Hier kommt ein Eingriff i.S.d. § 812 I 1 Alt. 2 in Betracht. Ob ein Eingriff vorliegt, wird im Rahmen der Lehre vom Zuweisungsgehalt ermittelt. Hiernach liegt ein Eingriff vor, wenn in eine fremde Rechtsposition eingegriffen wird, die ausschließlich einer anderen Person zugewiesen ist.[123] Nach herrschender Meinung kommt dem allgemeinen Persönlichkeitsrecht (APR), soweit es um das Recht am eigenen Bild geht, ein solcher ausschließlicher Zuweisungsgehalt zu.[124] Einzig J stand im Rahmen seines APR die wirtschaftliche Verwertung des Rechts an seinem eigenen Bild zu. Damit liegt mit der unbefugten Nutzung des Bildes durch F ein Eingriff i.S.d. § 812 I 1 Alt. 2 vor.

3. Auf Kosten des Bereicherungsgläubigers

F müsste die Aufwendungen auf Kosten des J erspart haben. Bei diesem Tatbestandsmerkmal wird die Lehre vom Zuweisungsgehalt ebenfalls bemüht. Danach ist etwas auf Kosten des Bereicherungsgläubigers erlangt, wenn der erörterte (Vermögens)-Vorteil diesem von der Rechtsordnung zugewiesen war.[125] Da die wirtschaftliche Verwertung des Bildes auch dem J zugewiesen ist, ist F auf Kosten des J bereichert.

4. Ohne Rechtsgrund

Der Eingriff müsste auch rechtsgrundlos erfolgt sein. Erlaubt das Gesetz den Eingriff nicht oder willigt der Berechtigte nicht ein, so ist dieses Merkmal gegeben. J willigte nicht in die Verwertung seines Bildes ein, der Eingriff erfolgte mithin rechtsgrundlos.

5. Ergebnis

J hat damit einen Anspruch gegen F auf Zahlung von 1.481.980 Euro gemäß §§ 812 I 1 Alt. 2, 818 II.

---

[123] Vgl. PWW/ *Leupertz*, § 812 Rn. 61.

[124] Vgl. Palandt-*Sprau*, § 812 Rn. 28.

[125] Vgl. Peifer, Gesetzliche Schuldverhältnisse, § 10 Rn. 1.

Hinweis: Denkbar wäre auch ein Anspruch aus § 823 I wegen Verletzung des APR, welches ein „sonstiges Recht" ist; vgl. den **„Herrenreiter-Fall"**, BGHZ 26, 349.

Fall 18: „Mein Freund Harvey"

▸ **Standort:** BGB Schuldrecht BT, Kondiktion

Gabriel Gütlich (G) lebt mit seinem Hauskaninchen und bestem Freund Harvey in einer Wohnung mit dünnen Wänden. Darum kann sein Nachbar Sebastian Sott (S) jeden Abend hören, wie G sich mit Harvey in Kleinkindsprache unterhält, was S schier in den Wahnsinn treibt. Als G schließlich kurz verreisen muss und S bittet, Harvey bei sich aufzunehmen und auf ihn aufzupassen, nimmt dieser die Gelegenheit wahr und verkauft ihn kurzerhand an seine Schulfreundin Janne Batzmann (B), die ein nahe gelegenes Restaurant für Wildspezialitäten betreibt. S behauptet, das Kaninchen sei ein Geschenk gewesen, das er jetzt lieber loswerden wolle, weil er Geld brauche. B, die ihrem Schulfreund helfen will, gibt ihm für das Kaninchen 250 Euro, obwohl es nur 50 Euro wert ist. Als G wiederkehrt und davon erfährt, ist er hoch entrüstet. Er will Harvey wiederholen. Als G aber von B die Höhe des gezahlten Kaufpreises erfährt, ändert G seine Meinung und möchte den Kaufpreis von S haben. Kann er das?

Abwandlung: B wusste, dass S nicht zum Verkauf berechtigt war und veräußert das Kaninchen als Luxusschosstier an die gutgläubige prominente Gaststättenerbin Madrid Milton (M) für 500 Euro. Kann B dem Anspruch des G auf den Erlös aus dem Geschäft mit M den Kaufpreis von 250 Euro, den sie dem S zahlte, entgegenhalten?

I. Anspruch des G gegen S gemäß § 816 I 1
1. Verfügung durch einen Nichtberechtigten
2. Wirksamkeit gegenüber dem Berechtigten
3. Umfang des Herausgabeanspruches
4. Ergebnis

II. Abwandlung: Abzug der Erwerbskosten des Nichtberechtigten

I. Anspruch des G gegen S auf den Kaufpreis gemäß § 816 I 1

G könnte einen Anspruch gegen den S auf den erlangten Kaufpreis i.h.v. 250 € gemäß § 816 I 1 haben. Dazu müssten die Voraussetzungen der Eingriffskondiktion vorliegen.

1. Verfügung eines Nichtberechtigten

Zunächst müsste eine Verfügung vorliegen. Eine Verfügung ist jede rechtsgeschäftliche Zuordnungsänderung, also jede Belastung, Übertragung, Aufgabe oder Inhaltsänderung des dinglichen Rechts an einem Gegenstand.[126]

Hier zielte S darauf ab, das Eigentum an dem Kaninchen auf B zu übertragen. S war dabei auch Nichtberechtigter, weil dies nur dem G als Eigentümer zustand und eine sonstige Berechtigung dazu, etwa aus der Bitte, sich um das Kaninchen zu kümmern, nicht bestand.

2. Wirksamkeit gegenüber dem Berechtigten

Die Verfügung müsste auch dem G gegenüber wirksam geworden sein. Dazu müsste die B das Eigentum an dem Kaninchen erlangt haben. B könnte nach §§ 929 S. 1, 932 I 1 das Eigentum gutgläubig erworben haben. Dazu müssten sich S und B über den Eigentumsübergang geeinigt und der S der B das Kaninchen gegeben haben. S hat den Besitz an dem Kaninchen aufgegeben und B den Besitz verschafft und ihr damit das Kaninchen übergeben. B müsste dabei auch gutgläubig gewesen sein. Der B war nicht bekannt, dass S nicht Eigentümer des Kaninchens war und sie ist auch nicht infolge grober Fahrlässigkeit in Unkenntnis über die Eigentümerstellung geblieben. Folglich war B gutgläubig.

Das Kaninchen könnte dem G aber abhanden gekommen sein i.S.d. § 935 I 2. Dann könnte B gemäß § 935 I 1 das Eigentum nämlich nicht gutgläubig erwerben. Eine Sache ist gemäß § 935 I S. 2 abhanden gekommen, wenn sie der unmittelbare Besitzer ohne seinen Willen verliert.[127]

---

[126] Vgl. PWW/ *Leupertz*, § 816 Rn. 4.
[127] Vgl. PWW/ *Prütting*, § 935 Rn. 2.

Ist der Eigentümer nur mittelbarer Besitzer, kann ihm die Sache nur abhanden kommen, wenn sie dem unmittelbaren Besitzer abhanden kommt.[128] Dies ist aber hier nicht der Fall, da S als unmittelbarer Besitzer Harvey willentlich an B gegeben hat. B hat damit Eigentum an Harvey durch die Verfügung des S erworben. Sie ist damit gegenüber G wirksam.

3. Umfang des Herausgabeanspruches

Da die Voraussetzungen des § 816 I 1 vorliegen, kann G von S das von ihm durch die Verfügung Erlangte herausverlangen. Wenn der objektive Wert der Sache dem Erlangten entspricht, wirft die Frage nach dem Umfang des Herausgabeanspruchs keine Probleme auf. Wenn aber das Erlangte aus bestimmten Gründen, etwa (wie hier) wegen persönlicher Bindungen oder (wie meistens) Geschäftstüchtigkeit des Verfügenden den objektiven Wert übersteigt, werden zwei Ansichten vertreten:

a) „Sachwerttheorie"

Die so genannte „Sachwerttheorie" stellt auf den Gedanken des § 818 II ab und tritt entsprechend für die Beschränkung des Umfangs des Herausgabeanspruchs auf den objektiven Wert des Gegenstandes ein.[129] Danach müsste S dem G nur den objektiven Wert des Kaninchens i.H.v. 50 Euro ersetzen.

b) „Vorteilsherausgabetheorie"

Die h.M. vertritt mit der so genannten „Vorteilsherausgabetheorie" dagegen dem Wortlaut des § 816 I 1 folgend, dass der gesamte erlöste Vorteil samt etwaigen Gewinnen herauszugeben sei, weil dies auch dem Billigkeitscharakter des Kondiktionsrechts entspreche. [130] Danach hat S dem G den erlangten Kaufpreis i.H.v. 250 Euro vollumfänglich herauszugeben.

---

[128] Vgl. Hk-BGB/ *Eckert,* § 935 Rn. 3.
[129] Vgl. ausführlicher zu dem allein hier bedeutsamen Streit PWW/ *Leupertz,* § 816 Rn. 22.
[130] Vgl. Peifer, Gesetzliche Schuldverhältnisse, § 10 Rn. 14.

Dieser Ansicht ist zu folgen, da neben dem Wortlaut auch der Rechtsgedanke des § 285 in diese Richtung weist, wonach bei der Bestimmung herauszugebender Surrogate auch der Gewinn mit einbezogen ist.[131]Deswegen hat S dem G auch den Gewinn als Erlangtes herauszugeben.

4. Ergebnis

G hat gegen S einen Anspruch auf Herausgabe des Erlangten i.h.d. Kaufpreises von 250 Euro gemäß § 816 I 1.

§ 816 I 1 gleicht aus, dass der ursprüngliche Eigentümer nach § 932 durch Verfügung eines Nichtberechtigten sein Eigentum **kondiktionsfest** verlieren kann. Es soll dann nicht wegen fehlender Ausgleichvorschriften der Nichtberechtigte, der den Eigentumsverlust herbeigeführt hat, geschützt werden, weshalb dieser das „Erlangte", d.h. die Gegenleistung, herausgeben muss. Man spricht deswegen von der Güterschutz- und Rechtsverfolgungsfunktion des § 816 I 1.[132]

II. Abwandlung: Abzug der Erwerbskosten des Nichtberechtigten

B war bösgläubig und konnte daher das Eigentum an dem Kaninchen nicht von S erwerben. B verfügte jedoch als Nichtberechtigte wirksam gegenüber G, als sie Harvey an M veräußerte. G hat damit einen Anspruch gegen B auf Herausgabe des Erlangten i.h.v. 500 Euro gemäß § 816 I S. 1.

Hat derjenige, der unrechtmäßig verfügt, eigene Kosten für den Erwerb der Sache aufgewendet, stellt sich die Frage, ob diese die Höhe des Anspruchs vermindern.[133] Rechtsprechung und Literatur verneinen das, weil dies die genannten Schutzfunktionen des § 816 I 1 unterlaufen würde. Die Erwerbskosten kann der Verfügende von demjenigen zurückholen, der ihm die Sache verkauft hat,[134] hier also B von S.

---

[131] Vgl. ausführlich dazu PWW/ *Leupertz*, § 816 Rn. 22.
[132] Vgl. Peifer, Gesetzliche Schuldverhältnisse, § 10 Rn. 10 ff.
[133] Eine beliebte Zusatzfrage in Klausuren und mündlichen Prüfungen!
[134] Vgl. Peifer, Gesetzliche Schuldverhältnisse, § 10 Rn. 15.

Fall 19: Des Müllers Schuld

▶ **Standort:** BGB Schuldrecht BT, Kondiktion

Bäcker Bienenstich (B) bezieht sein Mehl schon seit vielen Jahren von Müllermeister Mahlzeit (M). Dabei verhält es sich immer so, dass M das Mehl an B liefert und dieser dann in der Folgezeit zahlt. In letzter Zeit allerdings gehen die Geschäfte in der Müllerbranche schlecht, weswegen M zunehmend unter Druck gerät. Er verkauft deshalb am 12.5. der Xylose-Bank (X) seine Forderung i.h.v. 5.000 Euro aus einem mit B am 30.4. geschlossenen Kaufvertrag über Mehl, da dieser immer noch nicht gezahlt hat. Da M die ganze Sache gegenüber dem alten Geschäftsfreund B ein wenig peinlich ist, erzählt er ihm von dem ganzen Vorgang nichts. Am 15. 5. geht B, der nunmehr zu Geld gekommen ist, zu M. Er übergibt ihm 5.000 Euro mit den Worten, dass dieses Geld für die ausstehende Schuld sei. M berichtet von dem Geschäft mit der X immer noch nichts, nimmt das Geld an sich und ist über die plötzliche Finanzspritze hoch erfreut. Am 17.5. meldet sich die X bei B. Er möge doch bitte seine Schulden bei ihr begleichen; X fordert 5.000 Euro. B fällt aus allen Wolken und verweigert dies. Er habe seine Schulden doch bereits bei seinem Geschäftspartner M gezahlt.
Von wem kann X die 5.000 Euro verlangen?

I. Anspruch der X gegen B gemäß §§ 433 II, 398
1. Vertragsschluss
2. Übergang der Forderung
3. Erlöschen der Forderung
a) Zahlung an den Altgläubiger
b) Keine Kenntnis
4. Ergebnis

II. Anspruch der X gegen M gemäß 816 II
1. Leistung an einen Nichtberechtigten
2. Wirksamkeit gegenüber dem Berechtigten
3. Rechtsfolge

I. Anspruch der X gegen B gemäß §§ 433 II, 398 auf Zahlung von 5.000 Euro

Die X könnte gegen B gemäß §§ 433 II, 398 einen Anspruch auf Zahlung von 5.000 Euro aus fremdem Recht haben.

B = neuer Gläubiger

1. Vertragsschluss

Eine solche Forderung muss entstanden sein. M und B haben einen Kaufvertrag i.S.d. § 433 über Mehl geschlossen. Nach § 433 II schuldete B dem M den vereinbarten Kaufpreis von 5.000 Euro. Die Forderung ist somit entstanden.

2. Übergang der Forderung

X ist nicht Vertragspartner von B gewesen. Deshalb kann sie keinen Anspruch aus dem zwischen M und B geschlossenen Kaufvertrag gemäß § 433 II haben. Allerdings könnte die Forderung gemäß § 398 auf sie übergegangen sein. Das setzt voraus, dass M der X die Forderung gemäß § 398 abgetreten hat. Die Abtretung ist eine Verfügung. Sie setzt einen entsprechenden Vertrag des Abtretenden (Zedent) und des Abtretungsempfängers (Zessionar) voraus.[135] M und X sind sich darüber einig geworden, dass X Inhaberin der Forderung werden sollte. Die Forderung ist deshalb gemäß § 398 auf X übergegangen.

3. Erlöschen der Forderung

Die Forderung könnte jedoch gemäß § 362 I durch die Zahlung von B an M erloschen sein. Das setzt voraus, dass die geschuldete Leistung an den Gläubiger bewirkt worden ist. Im Zeitpunkt, als B an M zahlte, war der M wegen der Abtretung der Forderung an X nicht mehr Gläubiger der Leistung. Durch die Zahlung an M konnte B deshalb nicht mehr die Leistung an den Gläubiger bewirken. Auch ist die Erfüllung nicht gemäß §§ 362 II, 185 eingetreten. Denn die Voraussetzungen des § 185 liegen nicht vor. Die Zahlung an M erfolg-

---

[135] Vgl. Musielak, GK BGB, Rn. 908 ff.

te nicht mit Einwilligung der X. Die X könnte jedoch die Zahlung gemäß § 407 I gegen sich gelten lassen müssen:

a) Zahlung an den Altgläubiger
Das setzt voraus, dass nach einer erfolgten Abtretung seitens des Schuldners in Ansehung der abgetretenen Forderung an den bisherigen Gläubiger geleistet worden ist. B hat nach der Abtretung an den bisherigen Gläubiger M auf die abgetretene Forderung geleistet.

b) Keine Kenntnis
Der Schuldner darf bei der Leistung keine Kenntnis von der Abtretung gehabt haben.[136] Weder M noch X haben den B über die Abtretung in Kenntnis gesetzt. B zahlte und leistete damit in Unkenntnis der Abtretung.

4. Ergebnis
Die X muss sich gemäß § 407 I die Zahlung von B an M entgegenhalten lassen. Die Forderung ist damit erloschen. X hat damit keinen Anspruch auf Zahlung von 5.000 Euro aus abgetretenem Recht gegen B gemäß §§ 433 II, 398.

II. Anspruch der X gegen M gemäß § 816 II

Die X könnte gegen M gemäß § 816 II einen Anspruch auf Zahlung von 5.000 Euro haben.

> **Beachte:** Während der § 812 I S. 1 Alt. 2 die **allgemeine Eingriffskondiktion** betrifft, regelt der § 816 Spezialfälle des sog. „Eingriffserwerbs" und hat somit als *lex specialis* Vorrang.[137] Den drei dort genannten Tatbeständen ist gemeinsam, dass der Bereicherungsschuldner erst durch sein Verhalten die Bereicherung herbeiführt.[138] Im Einzelnen ist der **§ 816 einschlägig**, wenn

---

[136] Vgl. Musielak, GK BGB, Rn. 917.
[137] Vgl. Peifer, Gesetzliche Schuldverhältnisse, § 10 Rn. 2.
[138] Vgl. Musielak, GK BGB, Rn. 717.

a) ein Nichtberechtigter entgeltlich und wirksam über einen Gegenstand verfügt (§ 816 I 1). Dann schuldet der Nichtberechtigte die Herausgabe des Erlangten. Oder wenn
b) ein Nichtberechtigter unentgeltlich wirksam verfügt (§ 816 I 2). Dann schuldet der Erwerber die Herausgabe der Sache, weil der Nichtberechtigte ja wegen der Unentgeltlichkeit nichts erlangt hat, das er herausgeben kann und auch weil der Erwerber mangels eigener Aufwendungen bezüglich des Erwerbs nicht schutzwürdig ist (vgl. auch den Rechtsgedanken des § 822).[139] Oder wenn
c) ein Nichtberechtigter eine Leistung wirksam annimmt (§ 816 II). Wie am vorliegenden Fall gezeigt werden wird, muss der Nichtberechtigte bei Vorliegen der Tatbestandsvoraussetzungen das Erlangte herausgeben.

1. Leistung an einen Nichtberechtigten

Zunächst müsste eine Leistung an einen Nichtberechtigten bewirkt worden sein. B hat bewusst und zweckgerichtet die 5.000 Euro an M gezahlt, die dieser auch annahm. Damit liegt eine Leistung vor. M war zu diesem Zeitpunkt auch nicht mehr Inhaber der Forderung, weshalb er nicht dazu berechtigt war, diese Leistung anzunehmen. Damit hat B an einen Nichtberechtigten geleistet.

2. Wirksamkeit gegenüber dem Berechtigten

Die Leistung müsste gegenüber dem Berechtigten wirksam gewesen sein. Da, wie gesehen, die neue Forderungsinhaberin X die Leistung des B gegenüber dem Nichtberechtigten M gemäß § 407 I gegen sich gelten lassen muss, ist die Leistung gegenüber dem Berechtigten wirksam.

3. Rechtsfolge

X hat gemäß § 816 II einen Anspruch auf Herausgabe des Geleisteten gegen M i.H.v. 5.000 Euro.

---

[139] Vgl. PWW/ *Leupertz,* § 816 Rn. 12.

Fall 20: Kurze Freude über das Geschenk

▸ **Standort:** BGB Schuldrecht BT, Kondiktion

Der 16jährige Sven-Marcel (S) möchte seine Klassenkameradin Felicitas-Jaqcueline (F) beeindrucken und geht deshalb in den örtlichen CD–Laden. Er kauft dort vom Händler Holunderbier (H) die aktuelle CD von „Osaka Herberge", der Lieblingsband der F. S übergibt dem H das Geld, das er von seinen Eltern eigentlich für die Klavierstunde erhalten hatte und erhält im Gegenzug die CD. Am nächsten Tag geht er zur Geburtstagsparty der F und schenkt ihr die CD. Erst nach der Party erfahren die Eltern des S von dem gesamten Vorgang. Sie sind sehr verärgert über das Verhalten ihres Sohnes. Zwar billigen sie, dass ihr Sohn die CD der F schenkt. Schließlich ist sie doch so ein nettes Mädchen. Sie halten jedoch das Verhalten des H für unverantwortlich: Er könne nicht einfach Geschäfte mit Minderjährigen machen, ohne sich zu vergewissern, dass deren Eltern einverstanden seien. Deshalb geht S daraufhin in den Laden des H und fordert von diesem sein Geld zurück. Der Händler fragt sich, ob er die CD oder Ersatz für die CD erhalten kann. Kann er?

I. Anspruch des H gegen S gemäß § 812 I 1 Alt. 1
1. Etwas erlangt
2. Durch eine Leistung
3. Ohne Rechtsgrund
4. Rechtsfolge

II. Anspruch des H gegen F auf Herausgabe und Rückübereignung der CD gemäß § 822
1. Etwas erlangt
2. Unentgeltliche Weitergabe an F
3. Herausgabe von S ausgeschlossen
4. Ergebnis

I. Anspruch des H gegen S gemäß § 812 I 1 Alt. 1

H könnte gegen S einen Anspruch auf Rückübereignung der CD gemäß § 812 I 1 Alt. 1 haben.

1. Etwas erlangt

S müsste etwas erlangt haben. Für die Übereignung ist zwar gemäß § 929 S. 1 ein dinglicher Vertrag notwendig. Dieser ist jedoch beim Erwerb von Eigentum grundsätzlich lediglich rechtlich vorteilhaft i.S.d. § 107[140]. Deshalb benötigt der Minderjährige S für die Wirksamkeit der Übereignung auch nicht die Zustimmung der Eltern. Daher hat S Eigentum und den Besitz an der CD erlangt.

2. Durch eine Leistung

H hat die CD zur Erfüllung des Kaufvertrages an S übereignet, womit eine Leistung des Anspruchstellers vorliegt.

3. Ohne Rechtsgrund

Die Leistung müsste auch ohne Rechtsgrund erfolgt sein. Hier könnte der Kaufvertrag zwischen S und H Rechtsgrund für die Übereignung gewesen sein. Allerdings bestehen Zweifel an der Wirksamkeit des Vertrages. Da S erst 16 Jahre alt ist, sind hier die §§ 106 ff. einschlägig. Zu betrachten ist insbesondere der § 107. Der Kaufvertrag ist für S nicht lediglich rechtlich vorteilhaft, weil er ihn dazu verpflichtet, Geld an H zu bezahlen. Er benötigt deswegen gemäß § 108 I für die Wirksamkeit seiner Willenserklärung die Genehmigung seiner Eltern, die gemäß § 1629 I seine gesetzlichen Vertreter sind. Die Eltern haben ihre Zustimmung zum Kauf der CD jedoch eindeutig verweigert. Somit ist der zunächst schwebend unwirksame Vertrag endgültig als von Anfang an unwirksam anzusehen.[141] Die Leistung erfolgte damit ohne Rechtsgrund.

> Hier ist zu beachten, dass der Vertrag dann gemäß § 110 wirksam gewesen wäre, wenn S die CD mit dem Geld bezahlt hätte, das er von seinen Eltern zur freien Verfügung erhält, also vom „Taschengeld".[142] Dies war aber nicht der

---

140 PWW/ *Völzmann-Stickelbrock*, § 107, Rn. 12.
141 PWW/ *Völzmann-Stickelbrock*, § 108, Rn. 3; BGHZ 13, 179, 187.
142 siehe zum „Taschengeld"-Paragraphen § 107 und seiner Einordnung PWW/ *Völzmann-Stickelbrock*, § 110, Rn. 1.

Fall, da es sich um Geld für eine Klavierstunde handelte, das S insofern nicht zur freien Verfügung überlassen wurde.

4. Rechtsfolge

S müsste grundsätzlich die CD herausgeben. Da er sie aber nicht mehr hat, müsste S Wertersatz gemäß §§ 812 I 1 Alt. 1, 818 II leisten. Allerdings ist er gemäß § 818 III entreichert, d.h. er hat keinen Vorteil mehr in seinem Vermögen, denn das erlangte Eigentum an der CD hat er der F schenkungsweise übertragen. H hat deshalb keinen Anspruch gegen S auf Rückübereignung der CD gemäß § 812 I 1 Alt. 1 bzw. auf Wertersatz gemäß §§ 812 I 1 Alt. 1, 818 II.

II. Anspruch des H gegen F auf Herausgabe und Rückübereignung der CD gemäß § 822

H könnte gegen F einen Anspruch auf Herausgabe und Rückübereignung der CD gemäß § 822 haben.

1. Etwas erlangt

F müsste etwas erlangt haben, wobei Eigentum und Besitz an der CD in Betracht kommt. Fraglich ist, ob sie sich mit S wirksam geeinigt hat (§ 929 S. 1). Für S war die Übereignung zwar kein lediglich vorteilhaftes Geschäft i.S.d. § 107. Doch waren seine Eltern mit diesem Geschäft einverstanden. Es lag deshalb eine Einwilligung i.S.d. § 107 in Form der nachträglichen Genehmigung gemäß § 184 I vor, das Rechtsgeschäft (d.h. die dingliche Einigung) ist damit wirksam. F hat das Eigentum und den Besitz an der CD erlangt.

2. Unentgeltliche Weitergabe an F

S müsste die CD, die er von H erlangt hat, an F weitergegeben haben. Wie gezeigt, hat er der F das Eigentum verschafft. Auch gab er die CD an F unentgeltlich weiter.

3. Herausgabe seitens des S ausgeschlossen

Der Anspruch gemäß § 822 richtet sich gegen einen Dritten, der außerhalb des ursprünglichen Vertragsverhältnisses zwi-

schen dem Anspruchsteller und Erstempfänger steht.[143]
Deshalb ist dieser Anspruch nur dann gegeben, wenn der
Erstempfänger infolge der unentgeltlichen Zuwendung an
den Dritten nicht gegenüber dem Anspruchsteller haftet.[144]
Die Herausgabe der CD bzw. des Wertersatzes von S an H
müsste wegen der unentgeltlichen Weitergabe der CD an F
ausgeschlossen sein. Wie oben gezeigt, muss S auch keinen Wertersatz gegenüber H leisten, da er infolge der
Schenkung der CD an F entreichert i.S.d. § 818 III ist. Die
für einen Anspruch aus § 822 notwendige Enthaftung des
Erstempfängers ist deshalb eingetreten.

Anders als bei § 816 I 2, nach dem der Bereicherungsgläu-
biger direkt bei demjenigen, der durch die Verfügung eines
Nichtberechtigten etwas erlangt hat, das Erlangte kondizieren kann, setzt § 822 einen bestehenden, aber wirtschaftlich
wertlosen Kondiktionsanspruch gegen den Verfügenden voraus. Der **Anspruch aus § 822** ist also **subsidiär**, deswegen
ist zunächst auch der Anspruch gegen den Verfügenden zu
prüfen.[145] Auf § 822 wird nur dann als (formal) eigene[146] Anspruchsgrundlage zurückgegriffen, wenn der Bereicherungsanspruch gegen den Ersterwerber wegen § 818 III ausgeschlossen ist.[147]

4. Ergebnis
H hat gegen F einen Anspruch auf Herausgabe und Rückübereignung der CD gemäß § 822.

---

[143] Vgl. Musielak, GK BGB, Rn. 738.
[144] Palandt-*Sprau,* § 822 Rn. 7.
[145] PWW/ *Leupertz,* § 822, Rn. 1.
[146] zum Meinungsstand hier s. Staudinger-*Lorenz,* § 822, Rn. 2.
[147] PWW/ *Leupertz,* § 822, Rn. 5.

Fall 21: Wer gibt der Bank Geld?

▸ **Standort:** BGB Schuldrecht BT, Kondiktion

Der Marktschreier Siegbert Silentium (S) möchte im Laden des Hans Hammer (H) eine CD für den Geburtstag eines Freundes kaufen. S kennt sich jedoch mit dessen Musikgeschmack nicht richtig aus. Deswegen hat sich S den Titel und die gewünschte Band aufschreiben lassen. Aber, wie es so häufig auch anderen passiert: Im Laden verspricht sich S. Er verwechselt den Namen der Band mit dem Titel. Daher verlangt S fälschlicherweise die CD „Perlengejammer" von „Mäuschen und die Kiddies". Tatsächlich trägt die vom Freund des S gewünschte CD den Titel „Mäuschen und die Kiddies" und wurde von der Band „Perlengejammer" auf den Markt gebracht. S hat kein Bargeld dabei und verabredet mit H, dass er das Geld überweisen werde. Noch auf dem Weg nach Hause geht er zu seiner Bank (B) und überweist die fälligen 17,95 Euro auf das Konto des H, das ebenfalls bei B geführt wird. Zwei Tage später will er den Zettel des Freundes wegwerfen und stellt fest, dass er Bandnamen und CD-Titel verdreht hat. Sofort läuft S in das Geschäft des H und gibt die CD mit den Worten zurück, dass eine Verwechslung vorliege. Eine andere CD kauft er nicht, denn er möchte sich nicht noch einmal auf das unübersichtliche Terrain der aktuellen Chartmusik begeben. Die B hat zu diesem Zeitpunkt jedoch das Geld bereits auf das Konto des H überwiesen. Nachdem S der B von dem Vorfall berichtet, möchte B nun das Geld von H zurückhaben. Dieser entgegnet, dass er die B überhaupt nicht kenne und sie sich an S halten müsse, für den sie ja gehandelt hätte. Er würde seinerseits Geld nur an S zurückerstatten. S jedoch will mit der ganzen Angelegenheit nichts mehr zu tun haben.
Für die Bank stellen sich jetzt die folgenden Fragen: Kann B Geld von H verlangen? Könnte S von H Geld verlangen?
Abwandlung 1: Wie wäre der Fall zu lösen, wenn auch der Überweisungsvertrag zwischen B und S unwirksam gewesen wäre? Welchen Anspruch hat B dann gegen S?

Abwandlung 2: Von wem kann B Geld verlangen, wenn S dauerhaft unerkannt geschäftsunfähig wäre?

I. Anspruch der B gegen H gemäß § 812 I 1 Alt. 1
1. Etwas erlangt
2. Durch eine Leistung
3. Ergebnis

II. Anspruch der B gegen H gemäß § 812 I 1 Alt. 2
1. Etwas erlangt
2. In sonstiger Weise, Vorrang der Leistung
3. Ergebnis

III. Anspruch des S gegen H gemäß § 812 I 1 Alt. 1
1. Etwas erlangt
2. Leistung
3. Ohne Rechtsgrund
4. Ergebnis

IV. Abwandlung 1: Anspruch der B gegen S gemäß § 812 I 1 Alt. 1
1. Etwas erlangt
2. Leistung
3. Ohne Rechtsgrund
4. Ergebnis

V. Abwandlung 2:
1. Anspruch der B gegen H gemäß § 812 I 1 Alt. 1
a) Etwas erlangt, Leistung
b) Ergebnis

2. Anspruch der B gegen H gemäß § 812 I 1 Alt. 2
a) Etwas erlangt
b) Auf sonstige Weise, Vorrang der Leistung
c) Auf Kosten von B
d) Ohne Rechtsgrund
e) Ergebnis

I. Anspruch der B gegen H gemäß § 812 I 1 Alt. 1

Die B könnte gemäß § 812 I 1 Alt. 1 gegen H einen Anspruch auf Zahlung von 17,95 Euro haben.

1. Etwas erlangt

H müsste zunächst etwas erlangt haben. Als erlangtes etwas kommen Vermögensvorteile in Betracht, die die wirtschaftliche Stellung verbessert haben.[148] Hier hat H durch Überweisung der Bank einen Auszahlungsanspruch gegenüber seiner Bank aus einem Girovertrag (§§ 675c ff.) und damit einen vermögenswerten Vorteil erlangt.

2. Leistung

H müsste diesen Auszahlungsanspruch durch eine Leistung der B erlangt haben. Leistung ist jede bewusste, zweckgerichtete Mehrung fremden Vermögens. Die B überweist das Geld, um ihren Vertragspflichten aus der Anweisung des S nachzukommen. Insofern mehrt sie bewusst und zweckgerichtet das Vermögen von H. Allerdings kann aus Sicht von H die Überweisung nur den Zweck haben, dass S seine Schuld bei ihm begleicht. Nach herrschender Meinung ist bei der Bestimmung einer Leistung auf den objektiven Empfängerhorizont abzustellen.[149] Deshalb kann sich im konkreten Fall die Überweisung aus Sicht eines objektiven Leistungsempfängers an der Stelle des H nicht als Leistung von B darstellen, sondern nur als Leistung des S. Es liegt deshalb im Verhältnis zwischen B und H keine Leistung vor.

3. Ergebnis

Es liegt keine Leistung von B an H vor. Deshalb hat B keinen Anspruch gemäß § 812 I 1 Alt. 1 auf Zahlung von 17,95 Euro gegenüber H.

II. Anspruch der B gegen H gemäß § 812 I 1 Alt. 2

B könnte gegen H gemäß § 812 I 1 Alt. 2 einen Anspruch auf Zahlung von 17,95 Euro haben.

1. Etwas erlangt

H hat den Auszahlungsanspruch aus einem Girovertrag (§§ 675c ff.) gegenüber seiner Bank erlangt.

---

[148] Palandt-*Sprau*, § 812 Rn. 16.

[149] Vgl. PWW/ *Leupertz*, § 812 Rn. 26 mit einer Kritik an der Lehre vom Empfängerhorizont.

2. In sonstiger Weise, Vorrang der Leistung

H müsste den Auszahlungsanspruch in sonstiger Weise erlangt haben. Etwas in sonstiger Weise zu erlangen bedeutet grundsätzlich, dieses nicht durch eine Leistung erhalten zu haben.[150] Liegt eine Leistung hinsichtlich des Bereicherungsgegenstandes aber vor, so schließt diese jede Nichtleistungskondiktion grundsätzlich aus.

Hinweis: Gerade in Hausarbeiten wird dies oft falsch gemacht. Liegt eine Leistung im sog. Valutaverhältnis vor, schließt diese eine Nichtleistungskondiktion grundsätzlich aus![151] Das gilt auch, wenn die Leistungskondiktion letzten Endes nicht durchgreift. Die subsidiäre Nichtleistungskondiktion kann insoweit nicht als Auffangtatbestand fungieren.

Merke: Vorliegen einer Leistung => Nichtleistungskondiktion grundsätzlich ausgeschlossen! Ausnahmen von diesem Grundsatz des Vorranges bestehen nur bei bestimmten gesetzlichen Wertungen im Zusammenhang mit §§ 932, 935 und § 366 HGB!

Hier liegt zwar keine Leistung der B vor. Doch stellt sich der Auszahlungsanspruch nach dem hier verwendeten Leistungsbegriff als Leistung des S dar. Damit ist eine Nichtleistungskondiktion hier ausgeschlossen. H hat den Auszahlungsanspruch nicht in sonstiger Weise erlangt.

3. Ergebnis

Da H durch Leistung des S den Auszahlungsanspruch erlangt hat und damit nicht in sonstiger Weise, hat B keinen Anspruch gemäß § 812 I 1 Alt. 2 gegen H auf Zahlung von 17,95 Euro.

III. Anspruch des S gegen H gemäß § 812 I 1 Alt. 1

S könnte gegen H gemäß § 812 I 1 Alt. 1 einen Anspruch auf Zahlung von 17,95 Euro haben.

---

[150] Vgl. Peifer, Gesetzliche Schuldverhältnisse, § 10 Rn. 1.
[151] Vgl. BGHZ 40, 278.

1. Etwas erlangt

H hat mit dem Auszahlungsanspruch aus einem Girovertrag gegen seine Bank *etwas erlangt.*

2. Leistung

Er müsste dies durch Leistung erlangt haben. Auf Grundlage des oben genannten Leistungsbegriffs stellt sich die Überweisung durch die B als eine Leistung von S an H dar. Es liegt deshalb eine Leistung gemäß § 812 I 1 Alt. 1 vor.

3. Ohne Rechtsgrund

Die Leistung müsste ohne Rechtsgrund erfolgt sein. Hier käme insoweit eine Anfechtung des Kaufvertrages zwischen S und H in Betracht. Ein Anfechtungsgrund lag vor, § 119 I 1 Alt. 1, er hat die Anfechtung zumindest konkludent erklärt und auch die Frist eingehalten. Da der Vertrag damit gemäß § 142 I *ex tunc* nichtig war, erfolgte die Leistung rechtsgrundlos.

4. Ergebnis

S hat gegen H einen Anspruch auf Zahlung von 17,95 Euro gemäß §§ 812 I 1 Alt. 1, 818 II.

IV. Abwandlung 1: Anspruch der B gegen S gemäß § 812 I 1 Alt. 1

B könnte gegen S gemäß § 812 I 1 Alt. 1 einen Anspruch auf Zahlung von 17,95 Euro haben.

1. Etwas erlangt

Das setzt voraus, dass S etwas erlangt hat. Durch die Überweisung scheint S zunächst nichts erlangt zu haben. Denn Schuldbefreiung im Rahmen seines Kaufvertrages mit H kann nicht eingetreten sein. Dieser ist nämlich durch die Anfechtung gemäß § 142 I ex tunc, also von Anfang an, nichtig. Allerdings hat S, wie gezeigt, durch die Überweisung einen Kondiktionsanspruch gegen H erlangt.

2. Leistung

S müsste den Kondiktionsanspruch auch durch eine Leistung der B erlangt haben. Die B überweist den Betrag, um ihren (vermeintlich bestehenden) Überweisungsvertrag mit S zu erfüllen. Darin liegt der Leistungszweck der B. Es liegt deshalb eine Leistung der B an S vor.

3. Ohne Rechtsgrund

Es dürfte auch kein Rechtsgrund vorliegen. Der Überweisungsvertrag zwischen B und S ist laut Sachverhalt nichtig. Er ist deshalb kein Rechtsgrund für die Leistung. Da ein anderer Rechtsgrund nicht ersichtlich ist, erfolgte die Leistung rechtsgrundlos.

4. Ergebnis

B hätte deshalb gegen S einen Anspruch auf Herausgabe des Erlangten gemäß § 812 I 1 Alt. 1. Dies wäre hier die Kondiktion, die S gegen H zusteht. B hätte also einen Anspruch auf Abtretung des Kondiktionsanspruchs. Demnach müsste eine sog. Kondiktion der Kondiktion erfolgen.

Dieses Ergebnis wird jedoch von der herrschenden Lehre als unbillig angesehen.[152] Denn auf diese Weise muss der Angewiesene das Insolvenzrisiko des Empfängers (d.h. B trüge das Risiko, dass H zahlungsunfähig ist) tragen und wäre gegebenenfalls dessen Einwendungen aus dem Verhältnis zum Anweisenden ausgesetzt.

Gerade dies soll aber vermieden werden, da sich grundsätzlich jeder nur mit seinem Vertragspartner auseinandersetzen soll. Hier haben B und H jedoch miteinander kein Vertragsverhältnis. Die h.M. will deshalb ausnahmsweise hier nicht die Kondiktion der Kondiktion, sondern einen Wertersatzanspruch gemäß §§ 812 I 1 Alt. 1, 818 II gewähren.[153] Dieses Ergebnis entspricht einer gerechten Risikoverteilung, so dass der h.M. zu folgen ist. B hat also gegen S einen Anspruch gemäß §§ 812 I 1 Alt. 1, 818 II auf Zahlung von 17,95 Euro.

---

[152] Vgl. PWW/ *Leupertz*, § 812 Rn. 90.

[153] Vgl. PWW/ *Leupertz*, § 812 Rn. 90

V. Abwandlung 2:

1. Anspruch der B gegen H gemäß § 812 I 1 Alt. 1

B könnte gegen H gemäß § 812 I 1 Alt. 1 einen Anspruch auf Zahlung von 17,95 Euro haben.

a) Etwas erlangt durch Leistung

H müsste durch Leistung der B etwas erlangt haben. Wie in den vorausgegangenen Konstellationen bereits gezeigt, hat H zwar in Form des Auszahlungsanspruchs gegen seine Bank etwas erlangt. Dies geschah jedoch nicht durch eine Leistung von B, sondern nach der entscheidenden Sicht eines objektiven Leistungsempfängers in der Rolle des H durch eine Leistung des S.

b) Ergebnis

Mangels eigener Leistung hat B keinen Anspruch gemäß § 812 I 1 Alt. 1 gegen H.

2. Anspruch der B gegen H gemäß § 812 I 1 Alt. 2

B könnte gegen H gemäß § 812 I 1 Alt. 2 einen Anspruch auf Zahlung von 17,95 Euro haben.

a) Etwas erlangt

H müsste etwas erlangt haben. H hat den Auszahlungsanspruch gegen seine Bank in Höhe des von B überwiesenen Betrages erlangt.

b) Auf sonstige Weise, Vorrang der Leistung

H müsste dies auf sonstige Weise und nicht durch eine Leistung erlangt haben. Dies ist der Fall. Grundsätzlich würde nun der oben bereits besprochene Vorrang der Leistung gelten. Dies würde bedeuten, dass B gegen H keinen Kondiktionsanspruch gemäß § 812 I 1 Alt. 2 haben würde.

Vielmehr müsste wieder über den Umweg über S das fehlgeschlagene Geschäft rückabgewickelt werden. Allerdings könnte sich deshalb etwas anderes ergeben, weil S gemäß § 104 Nr. 2 geschäftsunfähig und damit seine Willenserklärung zum Kaufvertrag unwirksam ist gemäß § 105 I. Der BGH will den Geschäftsunfähigen aus der Rückabwicklung im Dreieckverhältnis heraushalten und hat deswegen ausnahmsweise den direkten Durchgriff des Zuwendenden (hier B) beim Leistungsempfänger (hier H) bejaht, wenn keine zurechenbare und wirksame Anweisung vorlag. Dies ist gerade bei einer aufgrund Geschäftsunfähigkeit nichtigen Anweisung der Fall.[154]

Für diesen Lösungsansatz spricht, dass der Geschäftsunfähige nach den Wertungen des BGB grundsätzlich besonderen Schutz genießt, wie es in den §§ 104 ff. zum Ausdruck kommt. Als Folge dieser Wertung kann dann der Zuwendende direkt gegen den Leistungsempfänger im Wege der Nichtleistungskondiktion gemäß § 812 I 1 Alt. 2 vorgehen.[155] B könnte somit ausnahmsweise einen Anspruch gegen H gemäß § 812 I 1 Alt. 2 haben.

c) Auf Kosten von B
H müsste den Auszahlungsanspruch auf Kosten der B erlangt haben. H hat den Auszahlungsanspruch auf Kosten von B erlangt.

d) Ohne Rechtsgrund
Es darf auch kein Rechtsgrund vorliegen. Ein solcher liegt hier nicht vor, denn es ist keine rechtliche Wertung erkennbar, nach der H der erlangte Auszahlungsanspruch endgültig zugeordnet werden sollte. Vielmehr muss dem aufgrund der Geschäftsunfähigkeit des S fehlgeschlagenen Geschäft zwischen S und B Rechnung getragen werden.

e) Ergebnis
B hat gegen H gemäß §§ 812 I 1 Alt. 2, 818 II einen Anspruch auf Zahlung von 17,95 Euro.

---

[154] Vgl. BGH NJW 2004, 1315.
[155] Vgl. Hk-BGB/ *Schulze*, § 812 Rn. 27.

Fall 22: Auf das falsche Pferd gesetzt

▸ **Standort:** BGB Schuldrecht BT, Kondiktion

Der Pferdenarr und minder befähigte Hobbyzüchter Eustachius Equus (E) möchte seine Stallungen mit einem neuen, besonders guten Tier erweitern. Er bekommt von einem Freund und Zuchtexperten den Tipp, dass auf einem Gut in der Nähe ein Hengst, der für seine Zwecke ganz besonders geeignet wäre, zum Verkauf steht. Als E jedoch den betreffenden Händler Herbert Humor (H) aufsucht, unterläuft E ein Fehler und er kauft einen anderen Hengst als den, der ihm von seinem Freund beschrieben wurde. Der Irrtum fällt ihm erst einige Tage später auf, als dieser Freund ihn besuchen kommt, um das schöne Tier zu betrachten. Er klärt E darüber auf, dass er das falsche Pferd gekauft hat. E ist entsetzt. Er fährt sofort mit dem Tier zu H und ficht den Kaufvertrag erfolgreich an. Vorher benachrichtigt E noch seinen Sachbearbeiter bei der Caballo-Bank (B), dass die geplante Überweisung von 10.000 Euro nicht vorgenommen werden solle. E berichtet dies auch dem H und sagt, dass von ihm kein Geld eintreffen dürfte. Aufgrund des Versehens eines Bankmitarbeiters wird die Überweisung allerdings doch vorgenommen. Wem muss H das Geld zurückerstatten?

I. Vorüberlegung

II. Anspruch des E gegen H gemäß § 812 I 1 Alt. 1
1. Etwas erlangt
2. Durch eine Leistung
3. Ergebnis

III. Anspruch der B gegen H gemäß § 812 I 1 Alt. 1
1. Etwas erlangt
2. Durch eine Leistung
3. Ergebnis

IV. Anspruch der B gegen H gemäß § 812 I 1 Alt. 2
1. Etwas erlangt
2. In sonstiger Weise
3. Auf Kosten der B
4. Ohne Rechtsgrund
5. Ergebnis

I. Vorüberlegung

Grundsätzlich ist zu überlegen, ob hier wieder nur der Anweisende (E) bzw. die Zuwendende (B) gegen den Empfänger (H) einen Anspruch hat. Zu prüfen ist, ob die Rückabwicklung wieder über ein Dreieck vollzogen wird.

II. Anspruch des E gegen H gemäß § 812 I 1 Alt. 1

E könnte gemäß § 812 I 1 Alt. 1 einen Anspruch auf Rückzahlung der 10.000 Euro gegen H haben.

1. Etwas erlangt
H müsste etwas erlangt haben. Durch die Überweisung hat H einen Auszahlungsanspruch gegen seine Bank erlangt.

2. Leistung
H müsste diesen Vermögensvorteil durch eine Leistung des E erlangt haben. Die Frage, ob eine Leistung des Anspruchstellers vorliegt, ist aus Sicht eines objektiven Leistungsempfängers zu beurteilen. Da H hier wusste, dass E die Überweisung widerrufen hatte, konnte es sich aus seiner Sicht bei der Zahlung durch die B nicht mehr um eine Leistung des E zwecks Zahlung des Kaufpreises handeln. Es liegt deshalb keine Leistung des E vor.

3. Ergebnis
Mangels Leistung hat E keinen Anspruch auf Rückzahlung der 10.000 Euro gemäß § 812 I 1 Alt. 1 gegen H.

III. Anspruch der B gegen H gemäß § 812 I 1 Alt. 1

B könnte gegen H gemäß § 812 I 1 Alt. 1 einen Anspruch auf Zahlung von 10.000 Euro haben.

1. Etwas erlangt
H hat den Auszahlungsanspruch gegen seine Bank erlangt.

2. Leistung

H müsste diesen durch eine Leistung der B erlangt haben. Die Bank vollzog irrtümlich die Überweisung und will nicht einen bestimmten Vertrag gegenüber H erfüllen. Sie mehrt deswegen nicht zweckgerichtet das Vermögen von H. Auch ergibt sich aus Sicht des Empfängers nichts anderes. Denn die Bank verfolgte auch aus Sicht des H keinen Leistungszweck. Es liegt somit keine Leistung der B an H vor.

3. Ergebnis

B hat keinen Anspruch auf Zahlung von 10.000 Euro gegen H gemäß § 812 I 1 Alt. 1.

IV. Anspruch der B gegen H gemäß § 812 I 1 Alt. 2

B könnte gegen H gemäß § 812 I 1 Alt. 2 einen Anspruch auf Rückzahlung der 10.000 Euro haben.

1. Etwas erlangt

H hat den Auszahlungsanspruch gegen seine Bank erlangt.

2. In sonstiger Weise

H müsste diesen in sonstiger Weise, also nicht durch eine Leistung erlangt haben. Es liegt bezüglich der Überweisung keine Leistung vor. H hat den Auszahlungsanspruch deshalb in sonstiger Weise erlangt. Der grundsätzliche Vorrang der Leistungskondiktion kommt vorliegend mangels Leistung hier nicht zum tragen. Weder B noch E haben an H geleistet.

3. Auf Kosten von B

H hat den Anspruch auch auf Kosten der B erlangt.

4. Ohne Rechtsgrund

Ein Rechtsgrund für das Behalten des Auszahlungsanspruchs gegenüber B ist nicht erkennbar. Es gibt keine Norm oder Wertung der Rechtsordnung, die H den Auszahlungsanspruch endgültig zuweisen würde.

5. Ergebnis

Mangels bestehender Leistungskondiktion hat B gegen H einen direkten Kondiktionsanspruch. Die fehlgeleitete Zahlung muss hier deshalb nicht über das Dreieck rückabgewickelt werden. B hat demnach einen Anspruch auf Zahlung von 10.000 Euro gegen H gemäß §§ 812 I 1 Alt. 2, 818 II.

Fall 23: Die Schokolade ist schlecht

▸ **Standort:** BGB Schuldrecht BT, Kondiktion

Micha Maukmann (M) ist so ein großer Freund von guter Schokolade, dass er nach eigenen Worten „darin baden" könnte. Dies weiß auch sein Kollege Kristian Kopfball (K). K kennt aus seinem heimatlichen Spielmannszug den Schokoladenhersteller Zacharias Zuckerrübe (Z), der sehr hochwertige, von M geliebte Produkte vertreibt. Aufgrund dieser besonderen Kontakte ist K in der Lage, diese Schokolade weit unter dem Ladenpreis zu kaufen. M bittet deshalb K darum, ihm einige der Produkte zu besorgen. Sie kommen überein, dass K dies gegen ein Entgelt von 15 Euro tun soll. K begibt sich zu Z und entdeckt dort ein 2-Kilo–Paket mit herrlichen, delikat aussehenden Pralinen. Z wirbt für diese Pralinen, indem er sie als besonders hochwertig anpreist. K sagt daraufhin, dass er das 2-Kilo-Paket von diesen Pralinen haben möchte. Die beiden werden sich schnell über den günstigen Preis von 15 Euro, was die Pralinen auch tatsächlich wert sind, einig. Zudem verabreden Z und K, dass Z die Schokolade direkt an M liefern solle und M auch ein eigenes Recht bekommen soll, die Lieferung der Schokolade zu verlangen. Z liefert einige Tage später verabredungsgemäß die Pralinen an den hocherfreuten M. Doch stellt sich heraus, dass es sich bei der gelieferten Schokolade um völlig minderwertige Ware handelt. Erbost ficht der K den Kaufvertrag wegen arglistiger Täuschung erfolgreich an.

Von wem kann Z Ersatz für die Pralinen bekommen?

I. **Anspruch des Z gegen M gemäß § 812 I 1 Alt. 1**
1. Etwas erlangt
2. Durch eine Leistung
3. Ohne Rechtsgrund
4. Zwischenergebnis
5. Ergebnis

II. **Anspruch des Z gegen K gemäß §§ 812 I 1 Alt. 1, 818 II**
1. Etwas erlangt
2. durch Leistung
3. Ohne Rechtsgrund
4. Ergebnis

I. Anspruch des Z gegen M gemäß § 812 I 1 Alt. 1

Z könnte gegen M gemäß § 812 I 1 Alt. 1 einen Anspruch auf Rückübereignung der Schokolade haben.

1. Etwas erlangt

M müsste zunächst etwas erlangt haben. Er hat das Eigentum und den Besitz an der Schokolade erlangt.

2. Leistung

M müsste das Eigentum durch eine Leistung des Z erlangt haben, wozu Z bewusst und zweckgerichtet das Vermögen von M gemehrt haben müsste. Das Problem, das sich an dieser Stelle stellt, ist in dem der Leistung zugrunde liegendem Vertrag begründet. M und Z haben nämlich gar keinen Vertrag miteinander geschlossen, vielmehr bestehen zunächst vertragliche Beziehungen nur zwischen Z und K, aus denen der M aber berechtigt war. Es lag hier ein **echter Vertrag zugunsten Dritter** (§ 328 I) vor.[156] Fraglich ist im Zusammenhang mit dem Kondiktionsrecht, welche Leistungsbeziehungen bei einem echten Vertrag zugunsten Dritter vorliegen.

---

[156] Ausführlich zum Vertrag zugunsten Dritter Musielak, Grundkurs BGB, Rn. 883 ff.

> Beim **Vertrag zugunsten Dritter** heißt der Schuldner der vereinbarten Leistung „Versprechender", denn er verspricht die Leistung. Der Gläubiger (nicht der Dritte!) wird „Versprechensempfänger" genannt. [157]

Der Versprechende leistet bei dem Vertrag zugunsten Dritter immer an zwei Personen. Einerseits möchte er nämlich seine Verpflichtung gegenüber dem Versprechensempfänger erfüllen. Denn ihm gegenüber hat er sich verpflichtet, dem Dritten den Leistungsgegenstand zukommen zu lassen.

Andererseits hat bei einem echten Vertrag zugunsten Dritter auch derjenige, der den Leistungsgegenstand empfängt, einen eigenen Anspruch auf diesen Gegenstand, weshalb entsteht zwischen Drittem und Versprechendem ein vertragsähnliches Verhältnis ensteht.[158] Das bedeutet im vorliegenden Fall, dass M einen eigenen Anspruch auf Übereignung der Schokolade gegenüber Z aus dem Vertrag zwischen Z und K hatte. Auch um diesen Anspruch zu erfüllen, hat Z dem M das Eigentum und den Besitz an der Schokolade verschafft. Deshalb liegt hier eine Leistung von Z an M vor.

3. Ohne Rechtsgrund

Z müsste die Schokolade ohne Rechtsgrund an M geleistet haben. Als Rechtsgrund wäre hier nur der Kaufvertrag zwischen Z und K in Betracht gekommen. Diesen hat K jedoch erfolgreich angefochten, sodass der Vertrag gemäß § 142 I von Anfang an nichtig ist. Damit liegt der Leistung kein Vertrag zugrunde. Z hat ohne Rechtsgrund geleistet.

4. Zwischenergebnis

Die Voraussetzungen für einen Anspruch gemäß § 812 I 1 Alt. 1 liegen hier vor, wenn man eine Leistung an M begründet. Allerdings ist fraglich, ob dieses Ergebnis gerecht ist. Die herrschende Meinung lehnt in einem solchen Fall wie

---

[157] Vgl. Musielak, Grundkurs BGB, Rn. 886.
[158] Vgl. PWW/ *Leupertz*, § 812 Rn. 98.

dem hier geschilderten, also bei einem echten Vertrag zugunsten Dritter, eine Kondiktion trotz Bestehens eines Leistungsverhältnisses ab.[159]

Zur Begründung wird angeführt, dass, soweit eben die Leistung nicht als an den Versprechensempfänger gerichtet angesehen wird,[160] der begünstigte Dritte nicht schlechter stehen soll als im Fall eines unechten Vertrages zugunsten Dritter. In einem solchen Fall muss der Dritte nämlich das Erlangte nur herausgeben, wenn das Verhältnis zum Versprechensempfänger mangelhaft ist und der Versprechende sich nur an den Versprechensempfänger halten kann,[161] da der Dritte eine schwächere Position und keinen eigenen Anspruch auf die Leistung hat. Insofern ist es unbillig, wenn der Dritte im Gegensatz dazu bei einem echten Vertrag zugunsten Dritter einer Kondiktion des Versprechenden ausgesetzt wäre.[162]

Deshalb ist ausnahmsweise kein Anspruch gegeben. Z hat damit keinen Anspruch gegen M aus § 812 I 1 Alt. 1.

5. Ergebnis
Z hat keinen Anspruch gegen M auf Herausgabe und Rückübereignung der Schokolade gemäß § 812 I 1 Alt. 1.

---

[159] Vgl. Hk-BGB/ *Schulze,* § 812 Rn. 29.
[160] Vgl. PWW/ *Leupertz,* § 812 Rn. 98.
[161] Vgl. Medicus, Bürgerliches Recht, Rn. 680.
[162] Vgl. Medicus, Bürgerliches Recht, Rn. 681.

II. Anspruch des Z gegen K gemäß §§ 812 I 1 Alt. 1, 818 II

Z könnte gegen K gemäß §§ 812 I 1 Alt. 1, 818 II einen Anspruch auf Zahlung von 15 Euro haben.

1. Etwas erlangt
K müsste etwas erlangt haben. K hat hier durch die Lieferung des Z die Befreiung seiner Schuld gegenüber M erlangt, welche in der Verschaffung von Eigentum und Besitz an den Pralinen bestand.

2. Durch Leistung
K müsste dies auch durch Leistung des Z erlangt haben. Z übereignete die Schokolade an M, um seine Verpflichtung gegenüber K aus dem Kaufvertrag zu erfüllen. Daher liegt eine Leistung von Z vor.

3. Ohne Rechtsgrund
K hat laut Sachverhalt den Kaufvertrag angefochten, womit er gemäß § 142 I von Anfang an nichtig ist. Ein Rechtsgrund liegt somit nicht vor.

4. Ergebnis
Z hat gegen K einen Anspruch auf Zahlung des Wertes des Pralinen von 15 Euro gemäß §§ 812 I 1 Alt. 1, 818 II.

Anders wäre das Ergebnis, wenn K dem M die Schokolade geschenkt hätte. Die herrschende Meinung will dann, wenn der Dritte beim Vertrag zugunsten Dritter beschenkt wird, einen Kondiktionsanspruch des Versprechensgebers gegen den Dritten zulassen. Begründet wird dies mit der Wertung des § 822: Der Beschenkte könne danach eben nicht kondiktionsfest Eigentum erwerben.[163]

---

[163] Vgl. PWW/ *Leupertz*, § 822 Rn. 1.

Fall 24: Die Wundergitarre

▶ **Standort:** BGB Schuldrecht BT, Kondiktion

Einer der größten Stolling Rones-Fans ist der junge Rechts-
referendar Bernd Bitters (B). Er kann es deswegen nicht fassen, als er in einem Antiquitätenladen ein echtes Schmuck-
stück findet, nämlich die Gitarre, die der legendäre Sänger
der von ihm angehimmelten Band bei seinem allerersten
Konzert 1962 gespielt hat. Da B kaum etwas auf dem Konto
hat und das wenige Geld ständig für Konzerte und sein klei-
nes, aber schickes Auto ausgibt, ist er ständig pleite. Trotzdem kauft er die Gitarre. Der Antiquitätenhändler Aloisius Ar-
kebuse (A) hat ein Herz für den jungen Fan und stundet ihm
den Kaufpreis, zumal B glaubhaft versichern kann, dass er
sein Auto verkaufen und dann die Gitarre vom Erlös bezahlen werde. Traurig erzählt B später seiner Tante Theodora
Tontaube (T), die eine bedeutende Philosophin ist, von dem
Kauf der Gitarre und der damit verbundenen, schmerzhaften
Trennung von seinem Wagen. Da der B der ganze Stolz der
T ist, weil er in seiner Freizeit sehr gerne über philosophi-
sche Systeme und Theorien diskutiert, beschließt sie, ihm zu
helfen. Eine Woche nach dem Kauf der Gitarre bezahlt sie
diese bei A durch eine Überweisung auf dessen Konto. Sie
möchte B damit ein Geschenk zum Geburtstag machen. Un-
glücklicherweise hat der B jedoch die Transaktion schon abgeschlossen und seine Schuld bei A kurz vor der Überweisung der T beglichen. Welchen Anspruch hat T gegen A?

Anspruch der T gegen A gemäß § 812 I 1 Alt. 1
1. Etwas erlangt
2. Durch eine Leistung
3. Ohne Rechtsgrund
4. Ergebnis

Anspruch der T gegen A gemäß § 812 I 1 Alt. 1

T könnte gegen A einen Anspruch auf Rückzahlung des
Geldes gemäß § 812 I 1 Alt. 1 haben.

1. Etwas erlangt

A müsste dazu etwas erlangt haben. A hat einen Auszahlungsanspruch gegen seine Bank i.h.d. überwiesenen Betrags erlangt.

2. Leistung

Dies müsste durch eine Leistung der T geschehen sein, was vorliegend fraglich ist. Nach den bereits genannten Grundsätzen ist eine Leistung eine zweckgerichtete Mehrung fremden Vermögens, wobei aus der objektivierten Sicht des Empfängers zu bestimmen ist, ob eine Leistung vorliegt oder nicht.

Der vorliegende Fall unterscheidet sich aber von dem Grundfall, in dem eine Bank als dritte Person auf Anweisung handelt. Denn T wird aus eigenem Antrieb tätig. Sie könnte deshalb ein sog. Drittzahler i.s.d. § 267 I sein. Jemand handelt als Dritter i.s.d. § 267 I, wenn er eine eigene Leistung auf eine fremde Schuld erbringt.[164] Wie bei fehlender Zurechenbarkeit der Anweisung kann in einem solchen Fall die Leistung dem „Schuldner" nicht zugerechnet werden.

Die **herrschende Meinung** will deshalb dann, wenn ein Dritter auf eine fremde Schuld zahlt, ohne in irgendeiner Weise hierzu vom Schuldner bestimmt worden zu sein, eine Leistungskondiktion gegen den Empfänger zulassen. Allein durch Setzung des Leistungszwecks bestehe eine Leistung zwischen dem gebenden Dritten und dem Empfänger.[165] Letztlich kommt es also hier darauf an, dass die T den Leistungszweck selbst setzt und nicht von B angewiesen wird.

Die **Gegenmeinung** stellt darauf ab, dass der Leistende einen eigenen Zweck gegenüber dem vermeintlichen Schuldner, etwa eine Schenkung an diesen, verfolge und deswegen eine Leistung an diesen vorliege. Damit müsste dann die Rückabwicklung übers Eck ablaufen: Der vermeintliche

---

[164] Palandt-*Heinrichs*, § 267 Rn. 2f.
[165] Vgl. Medicus, Bürgerliches Recht, Rn. 684.

Gläubiger müsste das Erlangte an den vermeintlichen Schuldner herausgeben, von welchem wiederum der Leistende kondizieren könne.[166]

Die Zahlung hatte den Zweck, dem B etwas zu schenken und ist deswegen nach dieser Ansicht als Leistung der T an B, und nicht als Leistung an A, anzusehen. Eine Direktkondiktion scheidet danach dann aus.

Gegen diese Ansicht spricht aber vor allem, dass angenommen werden muss, dass der vermeintliche Schuldner gegen den vermeintlichen Gläubiger einen Kondiktionsanspruch durch die Zahlung des Dritten (des Leistenden) erwirbt. Das kann aber mangels Anweisung des vermeintlichen Schuldners an den Dritten nicht sein.[167] Deswegen ist der ersten Ansicht zu folgen. Hiernach hat A den Auszahlungsanspruch durch eine Leistung von T erlangt.

3. Ohne Rechtsgrund
Es dürfte auch kein Rechtsgrund vorliegen. Da die Schuld zwischen A und B durch die Zahlung des B erloschen ist, besteht kein Rechtsgrund.

4. Ergebnis
T hat gegen A gemäß §§ 812 I 1 Alt. 1, 818 II einen Anspruch auf Zahlung i.H.d. des überwiesenen Kaufpreises.

---

[166] Vgl. Medicus, Bürgerliches Recht, Rn. 684.

[167] Vgl. mit einer ausführlichen Auseinandersetzung dazu Medicus, Bürgerliches Recht, Rn. 685.

122

Fall 25: Der vogelwilde Fall

▸ **Standort:** EBV, Nutzungen, notwendige Verwendungen

Björg Bartz (B) feiert seine guten Klausurnoten stets in einem Lokal, in welchem oft Chris Cumulusjokus (C) mit seinem sprechenden Papagei Federstrumpf auftritt. B hat oft versucht, den Vogel zu mieten, in der Hoffnung, mit dem begabten Tier leicht viel Geld fürs Studium zu verdienen. C lehnte dies immer kategorisch mit der Begründung ab, dass der Papagei sein bester Freund sei. Eines Abends erneuert B sein Angebot, auf das der volltrunkene C aufgrund seines Promillepegels von 3,2 anders als sonst positiv reagiert. Sie vereinbaren die Vermietung des Papageis für vier Tage gegen 20 Euro. B weiß aber, dass der C wegen des Alkohols nicht zu klarem Denken in der Lage ist und bei Nüchternheit den Vertrag keinesfalls abgeschlossen hätte. Er beruhigt sich aber mit dem Vorsatz, dem C den Papagei nach vier Tagen tatsächlich zurückzubringen und dann auch 20 Euro Mietpreis zu zahlen. Den Papagei lässt B am nächsten Tag auf einer Party auftreten und erhält dafür als Honorar 180,88 Euro, zufällig genau das, was auch C unter gleichen Umständen verdient hätte. Wieder nüchtern taucht C später auf derselben Party auf und fordert den Papagei und den Verdienst des B heraus. B entgegnet, dass er den Papagei gestern zum Tierarzt gebracht und dort eine teure, lebenserhaltende Spritze, weitere Medikamente und die ärztlichen Tätigkeiten für ihn bezahlt habe. Solange C diese Kosten nicht erstatte, behalte er den Vogel. Welche Ansprüche hat C?

I. **Anspruch des C gegen B auf Herausgabe des Vogels gem. § 985**
1. Anspruch entstanden
a) Sache
b) Eigentum
c) Unberechtigter Besitz des B
2. Anspruch untergegangen
3. Anspruch durchsetzbar
a) Zurückbehaltungsrecht gem. § 1000 S. 1
aa) Eigentümer-Besitzer-Verhältnis

bb) Unredlichkeit
cc) Verwendung
dd) Notwendigkeit
ee) Rechtsgrundverweisung als Folge
b) Zwischenergebnis
4. Ergebnis: Anspruch des C gegen B aus § 985 nicht durchsetzbar

II. Anspruch des C gegen B auf Herausgabe der Nutzungen gem. §§ 990 I, 987 I
1. EBV
2. Nutzungsziehung
3. Ergebnis

I. Anspruch des C gegen B auf Herausgabe des Vogels gem. § 985

C könnte gegen B einen Anspruch auf Herausgabe des Vogels gem. § 985 haben.

1. Anspruch entstanden
Der Anspruch müsste zunächst entstanden sein.

a) Sache
Es müsste es sich bei dem Papagei um eine Sache handeln. Sachen sind alle körperliche Gegenstände, § 90. Tiere sind ausdrücklich keine Sachen, doch werden auf sie die für Sachen geltenden Vorschriften entsprechend angewendet, § 90a. Also ist § 985 auf den Vogel entsprechend anwendbar.

b) Eigentum
C müsste Eigentümer des Papageis sein. Das ist der Fall.

c) Unberechtigter Besitz des B
B müsste Besitzer des Papageis sein. B hat sich laut Sachverhalt in den Besitz des Vogels gebracht. Er dürfte auch kein Recht zum Besitz gegenüber C haben, § 986. Ein solches könnte sich aus einem wirksamen Mietvertrag zwischen B und C ergeben. Doch ist hier eindeutig kein Vertrag geschlossen worden. Es fehlt an einer wirksamen Annahme des Angebots durch C, denn wegen seiner Volltrunkenheit

ist seine Erklärung gem. § 105 II nichtig. Damit liegt kein gültiger Mietvertrag vor, B hat kein Recht zum Besitz. Der Anspruch ist damit entstanden.

2. Anspruch untergegangen
Der Anspruch ist ersichtlich auch nicht untergegangen.

3. Anspruch durchsetzbar
Der Anspruch müsste durchsetzbar sein. Da B den Vogel nur bei Erstattung der Gesamtkosten für den Tierarztbesuch zurückgeben will, ist zu prüfen, ob es sich bei diesen Kosten um Verwendungen handelt, die ein Recht zur Zurückbehaltung begründen könnten.

a) Zurückbehaltungsrecht gem. §§ 1000 S.1, 994 II
In Betracht kommt hier ein Zurückbehaltungsrecht des B gem. § 1000 S. 1. Dazu müsste ihm ein Anspruch auf Verwendungsersatz zustehen. Dieser könnte sich aus § 994 II ergeben.

aa) Eigentümer-Besitzer-Verhältnis
Für einen Anspruch aus § 994 II müsste zunächst zwischen B und C im **Zeitpunkt** der Verwendungen ein **EBV** bestanden haben. Das ist gegeben, wenn der Besitzer gem. § 985 zur **Herausgabe** verpflichtet war. Das ist hier der Fall.

bb) Unredlichkeit
B müsste unredlich sein. Ein Besitzer ist unredlich, wenn er verklagt (§ 987) oder bösgläubig (§ 990) ist. Hier könnte B **bösgläubig** gewesen sein. Bösgläubigkeit liegt vor, wenn der gute Glaube fehlt. Das ist im Kontext des EBV zu bejahen, wenn der Besitzer nicht an ein eigenes bestehendes Recht zum Besitz glaubt. Das umfasst sowohl die positive Kenntnis um das Fehlen des Rechts als auch die grob fahrlässige Unkenntnis, dass kein Besitzrecht besteht. Maßgeb-

lich ist dabei der **gute Glaube beim Erwerb des Besitzes** nach der Wertung des § 932 II.[168] Hier wusste der B positiv, dass der Vertrag nicht wirksam zustande gekommen war und dass er mangels Mietvertrages kein Recht hatte, den Papagei in Besitz zu nehmen und ihn zu behalten. Daran ändert auch seine Absicht der Mietzahlung und der Rückgabe nichts. B war damit bösgläubig und folglich unredlich.

cc) Verwendung

B müsste zunächst Verwendungen vorgenommen haben. Verwendung ist jede Vermögensaufwendung, die nach dem Willen des Besitzers unmittelbar der Sache zugute kommen soll und so ihrer Erhaltung, Wiederherstellung oder Verbesserung dient.[169] Die Spritzen und Medikamente dienten dem Erhalt des Papageis und sind somit Verwendungen.

dd) Notwendigkeit

Die Verwendungen müssten auch notwendig gewesen sein. Eine Verwendung ist notwendig, wenn die Verwendung objektiv erforderlich ist, um die Sache in ihrer Substanz oder Nutzungsfähigkeit zu erhalten.[170] Hier wäre der Papagei ohne die Aufwendungen gestorben, damit war die Verwendung auch notwendig.

ee) Rechtsgrundverweisung als Folge

Da die Voraussetzungen vorliegen, kann B gem. § 994 II nach den Regeln der GoA Ersatz der Aufwendungen von C verlangen. Dabei ist zu beachten, dass es sich hier nur insoweit um eine Rechtsfolgenverweisung handelt, als dass ein **Fremdgeschäftsführungswille** des Besitzers **nicht erforderlich** ist, ansonsten die Voraussetzungen der GoA aber sehr wohl vorliegen müssen.[171]

---

[168] Vgl. PWW/ *Engler*, § 990 Rn. 2.
[169] Vgl. Schreiber, JURA, 535.
[170] Vgl. Kindl, JA 1996, 202.
[171] Vgl. Kindl, JA 1996, 203.

In Betracht kommt hier eine **berechtigte Geschäftsführung ohne Auftrag i.S.d. § 683 S. 1.** Dazu müsste die ärztliche Versorgung des Vogels dem wirklichen oder mutmaßlichen Willen des C entsprochen haben. Das ist der Fall, wenn sie objektiv als Verwendung nützlich ist. Da durch die Verwendung das Leben des Vogels gerettet wurde, entspricht sie zumindest dem mutmaßlichen Willen des C. Damit hat B gegen C einen Anspruch auf Ersatz der Verwendungen aus §§ 994 II, 683 S. 1.

Beachte: Die §§ 994 ff. bilden eine abschließende Regelung für den Ersatz von Verwendungen, so dass daneben etwa Ansprüche aus Verwendungskondiktion ausgeschlossen und nicht zu prüfen sind!

---

b) Zwischenergebnis
B kann, da ihm ein Anspruch auf Ersatz der notwendigen Verwendungen zusteht, ein Zurückbehaltungsrecht geltend machen. Dies gilt hier gem. § 1000 S. 1, obwohl der Anspruch auf Verwendungsersatz nicht fällig ist (vgl. § 1001 S. 1). Wenn der Anspruch durch Genehmigung der Verwendung fällig wäre, bestünde das Zurückbehaltungsrecht auch aus § 273 II. Der Anspruch des C ist nicht durchsetzbar.

4. Ergebnis
C hat gegen B einen Anspruch auf Herausgabe des Papageis gem. § 985, der aber nicht durchsetzbar ist.

II. Anspruch des C gegen B auf Herausgabe der Nutzungen gem. §§ 990 I, 987 I

C könnte einen Anspruch gegen B auf Herausgabe der von diesem gezogenen Nutzungen gem. §§ 990 I, 987 I haben.

1. EBV und Unredlichkeit
Zwischen B und C müsste ein EBV vorliegen und B müsste auch unredlich sein. Das ist der Fall.

> **Beachte:** Das EBV soll **den redlichen und unverklagten Besitzer schützen,** so dass es nur Anwendung findet, wenn der Besitzer gegenüber dem Eigentümer zur Herausgabe der Sache nach § 985 verpflichtet ist.[172] Damit muss stets in allen EBV-Fällen die **Vindikationslage** geprüft werden.

Die Vindikationslage müsste auch im **Zeitpunkt** bestanden haben, in dem möglicherweise die Nutzungen gezogen wurden.[173] Hier war B dem C zur Herausgabe verpflichtet, als er mit dem Papagei Geld verdiente.

2. Nutzungsziehung
Es müsste eine Nutzungsziehung durch B vorliegen. Nutzungen sind alle Früchte einer Sache. Diese konkretisieren die § 99 I und III. Hier kommt § 99 III in Betracht. Danach sind Früchte einer Sache auch die Erträge, welche eine Sache aufgrund eines Rechtsverhältnisses gewährt. Hier hat B den Papagei auf einer Party auftreten lassen und hat dafür ein Honorar erhalten. B hat aufgrund des Vertrages über den Auftritt mittelbare Sachfrüchte i.h.d. Honorars und damit Nutzungen gezogen. Ein Anspruch ist damit entstanden.

3. Durchsetzbarkeit
Der Anspruch müsste auch durchsetzbar sein. Einreden sind nicht ersichtlich, auch greift hier § 1000 S. 1 nicht.

4. Ergebnis
Da der Anspruch auch offensichtlich nicht erloschen ist und Einreden nicht ersichtlich sind, hat C gegen B einen durchsetzbaren Anspruch auf Herausgabe der Nutzungen, d.h. des Honorars in Höhe von 180,88 Euro gem. §§ 990 I, 987 I bzw. Wertersatz in dieser Höhe.

---

[172] Vgl. Roth, JuS 1997, 519 f.
[173] Vgl. Roth, JuS 1997, 520 mit diskutierten Fällen über den Zeitpunkt.

128

Fall 26: Noch ein Vogel

▸ **Standort:** EBV, Nutzungen, unentgeltlicher Besitzer

Während sich B und C noch streiten, büxt der Papagei aus und wird vom Studenten Lutz Tobiasi (T) gefunden und aufgenommen. T nimmt an, dass es sich um einen der in seiner Stadt lebenden wilden Papageien handelt und er deswegen herrenlos sei. Als er die Sprachbegabung des Vogels entdeckt, schreibt er das der Intelligenz des Tieres zu, das die Sätze sicher bei den Streifzügen durch die Stadt aufgeschnappt habe. T kommt das Talent des Vogels entgegen und er lässt den Papagei auf Kindergeburtstagen auftreten. Zufällig erfährt C davon und meldet sich bei T. C verlangt die Rückgabe des Vogels und die Honorare, die T mit dem Papagei verdient hat. T gibt den Papagei zurück, wendet aber ein, er habe das Geld immer an Ort und Stelle für einen guten Zweck gespendet, so dass nichts von den Honoraren übrig sei. Kann C Herausgabe der Nutzungen verlangen?
Abwandlung: Wie wäre es, wenn C vor Kummer über das Verhalten des Papageis unerkannt geistesgestört geworden ist und den Vogel an T verkauft hätte? T verdient gut mit dem Vogel. Als C gesundet und sich besinnt, verlangt er das Tier und die Nutzungen heraus. T möchte nur den Vogel zurückgeben, nicht aber das Geld. Hat C einen Anspruch?

Anspruch des C gegen T auf Herausgabe der Nutzungen gem. §§ 988, 812 I 1 Alt. 2, 818
I. EBV
II. Redlichkeit des Besitzers
III. Unentgeltlichkeit des Besitzerwerbs
IV. Rechtsfolgenverweis, § 818 III
V. Ergebnis

Abwandlung: Anspruch des C gegen T auf Herausgabe der Nutzungen gem. § 988 analog
I. EBV und Redlichkeit des Besitzers
II. Unentgeltlichkeit des Besitzerwerbs
- Problem: entgeltliche, rechtsgrundlose Rechtsgeschäfte
- Ansicht der Rechtsprechung
- Ansicht der Literatur
III. Ergebnis

Anspruch des C gegen T auf Herausgabe der Nutzungen gem. §§ 988, 812 I 1 Alt. 2, 818

C könnte gegen T einen Anspruch auf Herausgabe der Nutzungen gem. §§ 988, 812 I 1 Alt. 2, 818 haben.

I. EBV

Es müsste zunächst ein Eigentümer-Besitzer-Verhältnis vorliegen. Das ist hier gegeben.

II. Redlichkeit des Besitzers

Der Besitzer müsste redlich sein. Das ist der Fall, wenn er weder verklagt noch bösgläubig ist, denn dann würden entsprechend § 987 bzw. §§ 990 I, 987 I greifen. Hier ist T redlich, denn weder befindet er sich im bösen Glauben bezüglich seines Besitzrechtes, da er den Papagei für herrenlos hielt, noch ist er verklagt. Insbesondere glaubt T hier an ein Recht zum Besitz, da er sich durch Ergreifung einer herrenlosen Sache als Eigentümer des Papageis wähnt.

III. Unentgeltlichkeit des Besitzerwerbs

Der Besitzerwerb müsste unentgeltlich gewesen sein. Darunter ist im Rahmen des § 988 jeder Besitzerwerb ohne Erbringung einer Gegenleistung zu verstehen.[174] Hier hat T ohne Gegenleistung den Besitz an dem Vogel erlangt, der Erwerb war damit unentgeltlich.

IV. Rechtsfolgenverweis, § 818 III

§ 988 stellt im Gegensatz zu § 987 und §§ 990, 987 keine eigenständige Anspruchsgrundlage auf Herausgabe der Nutzungen dar. Vielmehr verweist die Norm bei Vorliegen ihrer Voraussetzungen auf die **Rechtsfolgen** des Bereicherungsrechts. Damit **darf** bei der weiteren Prüfung **nicht** nach dem richtigen Kondiktionstyp des § 812 gefragt werden, sondern es müssen lediglich die Vorschriften über die Rechtsfolgen erörtert werden.

---

[174] Vgl. Schreiber, JURA 1992, 534.

Nach § 818 I ist das Erlangte bzw. nach § 818 II der Wertersatz herauszugeben. Hier hat T mehrere Honorare erhalten, die oder deren Wertersatz er nach diesen Vorschriften dem C herauszugeben hat. Allerdings macht T geltend, dass er die Honorare immer sofort gespendet hat. Somit liegt eine Entreicherung i.s.d. § 818 III vor. Daher geht der Anspruch des C gegen T ins Leere.

V. Ergebnis
Da sich T auf Entreicherung beruft, hat C gem. § 818 III gegen T keinen Anspruch auf Herausgabe der Nutzungen aus §§ 988, 818 I bzw. II.

Abwandlung: Anspruch des C gegen T auf Herausgabe der Nutzungen gem. § 988 analog

C könnte gegen T einen Anspruch auf Herausgabe der Nutzungen aus dem EBV haben. In Betracht kommt hier § 988 analog.

I. EBV und Redlichkeit des Besitzers
Dazu müsste zunächst ein Eigentümer-Besitzer-Verhältnis vorliegen. Hier hat C zwar versucht, dem T den Vogel zu übereignen. Doch war seine Willenserklärung für die dingliche Einigung wegen seiner Geisteskrankheit nichtig gem. § 104 Nr. 2. Damit war die Übereignung unwirksam, C blieb also weiterhin Eigentümer. T war auch redlich.

II. Unentgeltlichkeit des Besitzerwerbs
Der Besitzerwerb müsste auch unentgeltlich geschehen sein. Dies ist so nicht gegeben, da T für den Papagei einen Preis bezahlt hat.

Hier liegt ein **klassisches Problem** vor: Durch die Nichtigkeit sowohl des Verpflichtungs- als auch Verfügungsgeschäfts entsteht ein EBV. Wäre hingegen nur die Verpflichtung nichtig, etwa durch Anfechtung oder Dissens, so bestünden Ansprüche hinsichtlich der Nutzungen aus Kondiktionsrecht. Durch das EBV ist das aber durch den § 993 I ausgeschlossen. Einzig über § 988 gibt es eine Verbindung zu §§ 812 ff. Damit kann der C hier die Nutzungen nach den bestehenden EBV-Vorschriften nicht herausverlangen, könnte es aber, wenn er das Eigentum verloren hätte. Das EBV soll aber auch den Eigentümer schützen, und nicht, wie hier, benachteiligen. Darin besteht ein **Wertungswiderspruch**, dessen Lösung umstritten ist. Fraglich ist, ob eine analoge Anwendung des § 988 bei entgeltlichem, rechtsgrundlosem Besitzerwerb statthaft ist:[175]

- Die **Rechtsprechung** wendet § 988 analog an, so dass der Eigentümer bei rechtsgrundlosem, aber entgeltlichem Erwerb des Besitzes die Nutzungen über die Rechtsfolgen der §§ 812 ff. verlangen kann.[176]
- Dagegen will die **Literatur** den Wertungswiderspruch dadurch auflösen, dass sie die Ausschlusswirkung des § 993 I einschränkt, so dass bei rechtsgrundlosem Erwerb der Eigentümer gegen den Wortlaut des § 993 I einen Anspruch aus Leistungskondiktion auf Herausgabe der Nutzungen geltend machen kann.[177]

Beide Ansichten kommen im Ergebnis dazu, dass die Nutzungen herauszugeben sind, weshalb ein Streitentscheid unterbleiben kann.

III. Ergebnis
C hat entweder einen Anspruch aus § 988 analog oder kann direkt aus § 812 I 1 Alt. 1 die Nutzungen von T verlangen.

---

[175] Vgl. Kindl, JA 1996, 120.
[176] Vgl. Roth, JuS 1997, 899.
[177] Vgl. Schreiber, JURA 1992, 534.

Fall 27: Lasst Blumen sprechen

▶ **Standort:** EBV, Schadenersatz

Kornelius Klammer (K) liebt seinen Balkon und schmückt ihn gern mit Kostbarkeiten. Deswegen kauft er von dem 15jährigen Daniel Georgs (G) eine seltene Orchidee der Gattung *orchidaceae humoris* für 650 Euro. K geht dabei davon aus, dass die Eltern des G das Geschäft billigen, zumal der G für seine Blumengeschäfte bekannt ist. Allerdings verweigern die Eltern, die keine Einwilligung erteilt hatten, die Genehmigung und veranlassen ihren Sohn, die Pflanze zurückzuverlangen. G informiert K telefonisch davon und teilt ihm mit, die Orchidee bald abzuholen. Deprimiert und verärgert über den Verlust seiner Balkonzierde kümmert sich K wider besseren Wissens nicht ausreichend um die Pflanze, die daraufhin verkümmert. Als G zur Abholung erscheint und deren erbärmlichen Zustand bemerkt, taxiert er den Minderwert zutreffend auf 300 Euro. Kann er diese von K verlangen?

Abwandlung 1: K hält den hoch aufgeschossenen G für volljährig und mietet für eine Mottoparty 10 Orchideen. Auf dem Höhepunkt der wilden Feier stößt K versehentlich die Blumen um. Die sensiblen Pflanzen erleiden dadurch Schäden in einer Gesamthöhe von 1.200 Euro. Die Eltern des G haben den Mietvertrag nicht genehmigt. Kann G den Schaden geltend machen?

Abwandlung 2: K stiehlt G Orchideen im Wert von 3.000 Euro. Da er keine Ahnung von Blumen hat, gehen diese bei ihm ein. Kann G Schadensersatz verlangen? Was wäre, wenn die Nachbarskatze die Blumen bei K gefressen hätte, ohne dass K insoweit ein Verschulden vorzuwerfen war?

Anspruch des G gegen K auf Schadenersatz gem. §§ 990 I 2, 989
I. EBV
II. Redlichkeit des Besitzers
III. Verschlechterung der Sache
IV. Verschulden
V. Ergebnis

Abwandlung 1: Anspruch des G gegen K auf Schadenersatz
gem. §§ 990 I 1, 989
I. EBV
II. Redlichkeit des Besitzers
III. Anwendbarkeit des § 991 II, Einschränkung des § 993 I
IV. Ergebnis

Abwandlung 2: Anspruch des G gegen K auf Schadensersatz
gem. §§ 992 Alt. 2 i.V.m. § 823 I
I. EBV
II. Besitzverschaffung durch Delikt
III. Tatbestand § 823 I
IV. Ergebnis

Haftung bei Untergang durch die Katze
Anwendung des § 848

Anspruch des G gegen K auf Schadensersatz gem. §§ 990 I 2, 989

G könnte gegen K einen Anspruch auf Schadensersatz i.H.v. 300 Euro gem. §§ 990 I 2, 989 haben.

I. EBV
Dazu müsste zunächst ein Eigentümer-Besitzer-Verhältnis zwischen den beiden vorliegen. G hat K die Orchideen übergeben, doch haben seine Eltern die notwendige Genehmigung für die Übereignung und den Kaufvertrag nicht erteilt, so dass beide Geschäfte von Anfang an endgültig unwirksam sind. Mangels Übereignung ist damit G noch Eigentümer und K der Besitzer. Da der Kaufvertrag nicht gültig ist, hat K auch kein Recht zum Besitz der Blume. Damit liegt ein EBV vor.

II. Redlichkeit des Besitzers
Der Besitzer dürfte nicht redlich sein. In Betracht kommt hier die Bösgläubigkeit des K. Zwar ging K zunächst davon aus, dass der Vertrag und die Übereignung von den Eltern gebilligt und damit wirksam wären, doch wurde er spätestens in dem Moment bösgläubig, als er durch den Anruf des G von der wahren Rechtslage erfuhr und die Herausgabepflicht

134

mitgeteilt wurde. Da G auch keinen Termin nannte, zu dem er kommen würde, musste K jederzeit mit der Herausgabe rechnen. Danach haftet er von der Kenntniserlangung an, dass er kein Recht zum Besitz mehr hatte, nach § 990 I 2. K war damit seitdem unredlich.

III. Verschlechterung der Sache
Die Sache müsste sich verschlechtert haben.

Verschlechterung liegt vor, wenn die Sache durch Tun oder Unterlassen des Besitzers ihren Zustand gegenüber dem Zustand bei Eintritt der Rechtshängigkeit so verändert, dass der objektive Wert sich gegenüber dem **objektiven Wert** vor Eintritt der Rechtshängigkeit **vermindert**.[178]

Hier ist die Orchidee mangels Pflege des K nach Bekanntwerden seiner Herausgabepflicht um 300 Euro im Wert vermindert worden, eine Verschlechterung liegt damit vor.

IV. Verschulden
K müsste ein Verschulden bezüglich der Verschlechterung treffen. K hat hier wissentlich die Pflanze nicht ausreichend gehegt. Er handelte damit zumindest grob fahrlässig, in Betracht kommt auch ein Eventualvorsatz. K trifft jedenfalls ein Verschulden.

V. Ergebnis
G hat einen Anspruch gegen K auf Schadensersatz für die von ihm verschuldete Verschlechterung der Orchidee in Höhe von 300 Euro aus §§ 990 I 2, 989.

Abwandlung 1: Anspruch des G gegen K auf Schadensersatz gem. §§ 990 I 1, 989

G könnte gegen K einen Anspruch auf Schadensersatz gem. §§ 990 I 1, 989 haben.

---
[178] Vgl. PWW/ *Englert*, § 989 Rn. 3.

I. EBV

Zwischen G und K müsste zunächst ein Eigentümer-Besitzer-Verhältnis vorliegen. G ist Eigentümer der Blumen und K deren Besitzer. Ein Recht zum Besitz kann sich hier nur aus dem Mietvertrag ergeben. Dieser ist aber wegen der Verweigerung der notwendigen Genehmigung durch die Eltern unwirksam. Damit hat K kein Recht zum Besitz, eine Vindikationslage liegt also vor.

II. Redlichkeit des Besitzers

Der Besitzer müsste auch unredlich gewesen sein. Er war gutgläubig bei Besitzerlangung und auch in dem Zeitpunkt, als die Blumen beschädigt worden sind. Damit ist der K hier nicht unredlich. § 993 I stellt für den redlichen Besitzer gerade fest, dass dieser nicht zum Schadensersatz verpflichtet ist, damit also auch kein Anspruch aus § 823 I bestehen kann, der in Form einer fahrlässigen Eigentumsverletzung erfüllt wäre. Eine Ausnahme von diesem Grundsatz stellt aber § 991 II dar.

III. Anwendbarkeit des § 991 II, Einschränkung § 993 I

§ 991 II müsste jedoch überhaupt anwendbar sein. Die Vorschrift passt allerdings nur auf Fälle, in denen der schädigende unmittelbare Besitzer einem Dritten den Besitz mittelt. Hier aber mittelt K als vermeintlicher Mieter den Besitz nicht einem Dritten, sondern dem Eigentümer G selbst. Da der § 991 II deswegen nicht anwendbar ist und § 823 I gem. § 993 I gesperrt ist, würde G hier keinen Ersatzanspruch haben.

In diesem besonderen Fall ist das bisher festgehaltene Ergebnis aber nicht tragbar: K hat sein vermeintliches Besitzrecht überschritten (so genannter „**Fremdbesitzerexzess**"). Hätte ein Besitzrecht bestanden, wäre er G aus § 823 I haftbar. Nur weil das Besitzrecht aber nicht besteht, würde er keinen Schadensersatz schulden und somit besser stehen. Das ist ein **Wertungswiderspruch**,[179] der aufzulösen ist: Dies wird nach allgemeiner Meinung dadurch erreicht, dass man **§ 993 I teleologisch reduziert.** Ein Fremdbesitzer im Exzess, d.h. ein Besitzer, der sein vermeintliches Fremdbesitzerrecht überschreitet, kann nach §§ 823 ff. in Anspruch genommen werden.[180]

IV. Ergebnis

G hat gegen den redlichen K keinen Anspruch auf Schadensersatz gem. §§ 990 I 1, 989. Doch hat er wegen des vorliegenden Fremdbesitzerexzesses infolge der teleologischen Reduktion des § 993 I einen Anspruch aus § 823 I (der in einer Klausur natürlich gutachterlich zu prüfen ist) wegen einer fahrlässigen Eigentumsverletzung auf Schadensersatz i.H.v. 1.200 Euro.

Abwandlung 2: Anspruch des G gegen K auf Schadensersatz gem. §§ 992 Alt. 2 i.V.m. § 823 I

G könnte gegen K einen Anspruch auf Schadensersatz i.H.v. 3000 Euro gem. §§ 992 Alt. 2 i.V.m. § 823 I haben.

I. EBV

Es müsste ein Eigentümer-Besitzer-Verhältnis vorliegen, also eine Vindikationslage. Hier ist G Eigentümer der Blumen. Der K hat sie gegen den Willen des G in seinen Besitz gebracht, ein Recht zum Besitz steht ihm nicht zu. Ein EBV ist zu bejahen.

II. Besitzverschaffung durch Delikt

K müsste sich den Besitz durch verbotene Eigenmacht (§ 858 I) oder eine Straftat verschafft haben. Hier kommt eine Straftat in Betracht, nämlich der Diebstahl nach § 242 StGB. Solch einen hat K laut Sachverhalt auch begangen.

---

[179] Vgl. Schreiber, JURA 1992, 361.
[180] Vgl. Roth, JuS 1997, 713.

III. Tatbestand des § 823 I

Die Privilegierung des § 993 I, welche das Deliktsrecht beim EBV generell ausschließt, passt gerade für Besitzer i.S.d. § 992 nicht. Deswegen verweist die Norm als Rechtsgrundverweisung auf die §§ 823 ff. Deren Voraussetzungen müssen also vorliegen. Damit ist § 992 selbst keine eigenständige Anspruchsgrundlage.

Hier liegen die Voraussetzungen des § 823 I zweifellos vor. Daneben ist hier auch ein Anspruch aus § 823 II i.V.m. § 242 StGB einschlägig.

IV. Ergebnis

G hat einen Anspruch gegen K auf Schadensersatz i.h.v. 3.000 Euro aus §§ 992 Alt. 2 i.V.m. 823 I und §§ 992 Alt. 2, 823 II BGB i.V.m. 242 StGB.

Klausurhinweis: Die Haftung des deliktischen Besitzers nach §§ 992 i.V.m. 823 ff. besteht **neben** der Haftung nach §§ 990 I, 989. Diese sind also auch immer zu prüfen.

Haftung bei Untergang durch die Katze

Die Voraussetzungen des § 992 Alt. 2 liegen vor, so dass § 823 I zu prüfen ist. Problematisch ist, dass die Blumen hier durch die Katze gefressen werden und der K keine Verantwortung für den Untergang trägt.

§ 992 hat eine **Verschärfung der Haftung** des deliktischen Besitzers zum Ziel. Mit der Rechtsgrundverweisung auf das Deliktsrecht wird die **Haftung für Zufall nach § 848** und für Vorenthaltungsschäden begründet. Bestünde nur ein Anspruch aus §§ 990 I, 989, dann würde diese Haftung erst im Falle des Verzugs nach § 287 S. 2 bzw. § 280 I, II i.V.m. § 286 möglich.

Nach § 848, der hier wegen der Rechtsgrundverweisung anwendbar ist, haftet bei Untergang der Sache, die durch unerlaubte Handlung entzogen wurde, der Besitzer auch bei Zufall. Das ist hier der Fall. Damit kann G von K auch in diesem Fall Schadensersatz für die Orchideen verlangen.

Fall 28: Vergebliche Mühen

▶ **Standort:** EBV, Verwendungen

Kim Klaczinski (K) hat ein Auto erworben, das zuvor dem Marc (M) gestohlen worden ist. K war beim Kauf gutgläubig. Er lässt den Wagen durch eine aufwändige Lackierung und Einbau hochwertiger Sitze „aufpimpen", was insgesamt 2.700 Euro kostet. Der Wagen wird damit auch wertvoller. Als M den Wagen aufspürt und erfolgreich herausfordert, gefällt ihm dessen Zustand sehr gut. Er möchte auch keine Veränderungen vornehmen lassen. Aus Frust über den Verlust des Autos will sich K in Arbeit stürzen. Er kauft unbesehen ein braches Grundstück, auf dem er bauen will. K verwechselt leicht fahrlässig sein Grundstück mit dem seines Nachbarn Lucius Titius (L). Dort baut er unter eigener Anstrengung mit wenigen Handwerkern ein zweistöckiges Haus, was ihn 40.000 Euro kostet. Anschließend zieht K dort ein. L lässt sich wenig später zum ersten Mal blicken und veräußert erfreut das bebaute Grundstück für eine Summe, die den vor der Bebauung erreichbaren Preis um 40.000 übersteigt.
1. Kann K von M 2.700 Euro verlangen?
2. Kann K von L 40.000 Euro verlangen?

Frage 1: Anspruch des K gegen M auf Verwendungsersatz
        gem. § 996
I. EBV
II. Redlichkeit des Besitzers
III. Verwendung
IV. Nützlichkeit
V. Bestehende Werterhöhung
VI. Ergebnis

Frage 2: Anspruch des K gegen L auf Verwendungsersatz
        gem. § 996
I. EBV
II. Verwendungen
1. Enger Verwendungsbegriff
2. Weiter Verwendungsbegriff
3. Entscheidung
III. Ergebnis

Frage 1: Anspruch des K gegen M auf Verwendungsersatz gem. § 996

K könnte gegen M einen Anspruch auf Verwendungsersatz i.H.v. 2700 Euro gem. § 996 haben.

I. EBV
Dazu müsste zunächst ein Eigentümer-Besitzer-Verhältnis vorliegen. Der Wagen ist M abhanden gekommen, deswegen konnte K wegen § 935 I 1 kein Eigentum erwerben. M ist damit Eigentümer und K nur Besitzer ohne entsprechendes Recht.

II. Redlichkeit des Besitzers
K müsste zumindest im Zeitpunkt der Vornahme der Verwendungen gutgläubig gewesen sein. Das war er hier.

Während notwendige Verwendungen nach § 994 auch bösgläubigen Besitzern generell zu ersetzen sind, **beschränkt § 996** die Ersatzpflicht auf den **redlichen Besitzer.**

III. Verwendung
Bei den Kosten für die Lackierung und die neuen Sitze muss es sich um Verwendungen handeln. Hier kommen die Veränderungen der Sache zugute und dienen auch ihrer Wertverbesserung. Damit sind sie Verwendungen.

IV. Nützlichkeit
Die Verwendungen müssten auch nützlich sein. Die Nützlichkeit wird in § 996 aus der **Sicht des Eigentümers** bestimmt, während bei notwendigen Verwendungen die Sicht des Besitzers entscheidend ist.[181] **Nützlich** sind Verwendungen, wenn sie den Wert der Sache steigern. Damit sind sie von so genannten **Luxusaufwendungen abzugrenzen**, bei denen weder eine Wertsteigerung eintritt, noch die Notwendigkeit zum Erhalt der Sache vorliegt.[182]

---

[181] Vgl. Roth, JuS 1997, 1088.
[182] Vgl. PWW/ *Englert*, § 996 Rn. 2.

Hier sind die Verwendungen nützlich, da sie den Wert des Kfz steigern. Dies auch aus Sicht des M, dem die Änderungen gefallen.

V. Bestehende Werterhöhung

Die Werterhöhung müsste auch im Zeitpunkt der Herausgabe an den Eigentümer noch bestehen. Das ist hier der Fall.

VI. Ergebnis

K hat gegen M einen Anspruch auf Ersatz seiner Verwendungen i.h.v. 2.700 Euro gem. § 996.

Hinweis: Bei der Höhe des Ersatzes ist zu beachten, dass der Verwender nach dem Sinn des § 996 **keinen Gewinn** machen soll. Übertrifft die Wertsteigerung die tatsächliche Höhe der Verwendungen, ist der Umfang der Ersatzpflicht daher auf die tatsächlichen Verwendungen **beschränkt!**[183]

Frage 2: Anspruch des K gegen L auf Verwendungsersatz gem. § 996

K könnte gegen L gemäß § 996 einen Anspruch auf Verwendungsersatz i.h.v. 40.000 Euro haben.

I. EBV

Es müsste ein Eigentümer-Besitzer-Verhältnis vorliegen. Das ist hier der Fall.

II. Verwendungen

K müsste Verwendungen getätigt haben. Diese könnten hier in den Aufwendungen für die Errichtung des Hauses liegen. Verwendungen sind unter anderem alle Vermögensaufwendungen, die der Sache zu Gute kommen und ihrer Verbesserung dienen.[184]

---

[183] Vgl. PWW/ *Englert*, § 996 Rn. 4.
[184] Vgl. Palandt–*Bassenge*, § 994 Rn. 2.

1. Enger Verwendungsbegriff

Es wird allerdings noch eine weitere Unterscheidung bei der Bestimmung von Verwendungen getroffen. Nach der Rechtsprechung des BGH[185] liegen Verwendungen i.s.d. Gesetzes dann nicht vor, wenn sie die Sache grundlegend verändern. Dies ist unter anderem bei der Bebauung eines Grundstücks mit einem Gebäude der Fall. K hat das Grundstück von L mit einem Gebäude bebaut. Nach diesem engen Verwendungsbegriff liegt hier keine Verwendung vor.

2. Weiter Verwendungsbegriff

Nach der in der Literatur herrschenden Ansicht[186] erfasst die Verwendung auch solche Aufwendungen, die zu einer grundlegenden Veränderung des Grundstücks führen ("weiter" Verwendungsbegriff). Der Bau des Hauses auf dem Grundstück führt zu einer wirtschaftlichen Verbesserung des Grundstücks und kommt ihm deshalb zu Gute. Nach dieser Ansicht liegen hier Verwendungen vor.

3. Entscheidung

Die Problematik des engen und weiten Verwendungsbegriffs ist ein klassisches Problem des EBV:

a) Für die Literaturmeinung spricht, dass die BGH-Ansicht eine Aufspaltung des einheitlichen Verwendungsbegriffs herbeiführt und die Abgrenzung zwischen einer Verbesserung und einer totalen Umgestaltung einer Sache fast unmöglich macht. Ebenso soll der BGH-Auffassung der mit dem EBV verfolgte Zweck entgegenstehen, den redlichen Besitzer zu schützen, der, weil er auf sein Besitzrecht vertraut, Verwendungen macht. Denn auch der Hausneubau stellt eine wirtschaftlich sinnvolle Maßnahme dar, die dann aber nicht ersetzt würde.

---

[185] BGHZ 41, 157.
[186] Vgl. Schreiber, JURA 1992, 525 mit Nachweisen.

Für das Schrifttum wird auch vorgetragen, dass nach der Lösung des BGH der nicht besitzende Verwender mangels Anwendbarkeit des EBV besser stehen würde.

b) Dem ist entgegenzuhalten, dass die Anwendung des weiten Verwendungsbegriffs zu einer erheblichen Benachteiligung des Eigentümers führt. Es könnte zu der vom Gesetz grundsätzlich nicht gewollten Situation kommen, dass Eigentum und Besitz auf Dauer auseinander fallen. Denn ein wirtschaftlich schwacher Eigentümer hätte faktisch keine Möglichkeit, wieder in den Besitz des Gegenstandes zu gelangen. Ihm könnte dauerhaft das Zurückbehaltungsrecht des Besitzers entgegengehalten werden. Um dies zu vermeiden, muss sich der Besitzer wegen der gemäß § 993 bestehenden Sperrwirkung des EBV letztlich auf das Wegnahmerecht gemäß § 997 verweisen lassen.[187] Demnach ist hier dem engen Verwendungsbegriff zu folgen.

Wichtig ist die Kenntnis um den Streit, wobei die Ansicht der Lehre genauso gut vertretbar ist. Es kommt in der Klausur, wie so oft, nur darauf an, die Argumente beider Positionen zu kennen und in einem Streitentscheid einzubringen.

III. Ergebnis
K hat gegen L keinen Anspruch auf Verwendungsersatz gem. § 996.

---

[187] Zum Streit s. Schreiber, JURA 1992, 535 f.; Roth, JuS 1997, 1089 f.

Definitionen für die Zivilrechtsklausur
Formulierungen, Streitgegenstände und
Beispiele aus dem gesamten Zivilrecht
ISBN 978-3-86724-028-4
Preis: 9,90 €
Auch als Hörbuch/Audio-CD!

Standardfälle Sachenrecht

ISBN 978-3-86724-004-8
9,90 €

Neu! „Die wichtigsten Schemata"

-> Schemata ZivilR, StrafR, ÖffR, 312 Seiten,
ISBN 978-3-86724-133-5; Preis: 14,90 €

-> Schemata Nebengebiete (ArbR, HandR, GesR,
StPO, ZPO), 208 Seiten, ISBN 978-3-86724-138-0;
Preis: 9,90 €

-> **Karteikarten** „Schemata Zivilrecht", 62 Karten,
ISBN 978-3-86724-058-1; Preis: 9,90 €

-> **Hörbuch (Audio-CD)** „Die wichtigsten Schemata
Zivilrecht", ca. 78 Minuten, ISBN 978-3-86724-014-7;
Preis: 7,90 €

▶ Unsere 📖 Skripten 📇 Karteikarten ♪ Hörbücher (CD & MP3)

Zivilrecht

- 📖 Standardfälle für Anfänger (7,90 €)
- 📖 ♪ Standardfälle BGB AT (7,90 €)
- 📖 ♪ Standardfälle Schuldrecht (7,90 €)
- 📖 ♪ Standardfälle Ges. Schuldverh., §§ 677, 812,823
- 📖 ♪ Standardfälle Sachenrecht (9,90 €)
- 📖 ♪ Standardfälle Familien- und Erbrecht (9,90 €)
- 📖 Klausuren Übung für Fortgeschrittene (7,90 €)
- 📖 ♪ Basiswissen BGB (AT) (Frage-Antwort)
- 📖 ♪ Basiswissen SchuldR (AT) 📖 ♪ SchuldR (BT) (7 €)
- 📖 ♪ Basiswissen Sachenrecht, 📖 ♪ FamR, 📖 ♪ ErbR
- 📖 Einführung in das Bürgerliche Recht (7,90 €)
- 📖 Studienbuch BGB (AT) (12 €)
- 📖 Studienbuch Schuldrecht (AT) (12 €)
- 📖 Schuldrecht (BT) 1 - §§ 437, 536, 634, 670 ff. (9,90 €)
- 📖 Schuldrecht (BT) 2 - §§ 812, 823, 765 ff. (9,90 €)
- 📖 SachenR 1 – Bewegl. S., 📖 SachenR 2 – Unb. S. (9,9 €)
- 📖 Familienrecht und 📖 Erbrecht (Einführungen) (9,90 €)
- 📖 Streitfragen Schuldrecht (7,90 €)
- 📖 ♪ Definitionen für die Zivilrechtsklausur (9,90 €)

Strafrecht

- 📖 ♪ Standardfälle für Anfänger Band 1 (9,90 €)
- 📖 ♪ Standardfälle für Anfänger Band 2 (7,90 €)
- 📖 Standardfälle für Fortgeschrittene (12 €)
- 📖 ♪ Basiswissen Strafrecht (AT) (Frage-Antwort)
- 📖 ♪ Basiswissen Strafrecht BT 1 und 📖 ♪ BT 2 (7 €)
- 📖 Strafrecht (AT) (7,90 €)
- 📖 Strafrecht (BT) 1 – Vermögensdelikte (9,90 €)
- 📖 Strafrecht (BT) 2 – Nichtvermögensdelikte (9,90 €)
- 📖 ♪ Definitionen für die Strafrechtsklausur (7,90 €)

Irrtümer und Änderungen vorbehalten!

Öffentliches Recht

- 📖 Standardfälle Staatsrecht I – StaatsorgaR (9,90 €)
- 📖 Standardfälle Staatsrecht II – Grundrechte (9,90 €)
- 📖 ♪ Standardfälle f. Anfänger (StaatsorgaR u. GRe) (7,9 €)
- 📖 Standardfälle Verwaltungsrecht (AT) (9,90 €)
- 📖 Standardfälle Polizei- und Ordnungsrecht (9,90 €)
- 📖 Standardfälle Baurecht (9,90 €)
- 📖 Standardfälle Europarecht (9,90 €)
- 📖 Standardfälle Kommunalrecht (9,90 €)
- 📖 ♪ Basiswissen StaatsR I –StaatsorgaR (Fr-Antw.) (7 €)
- 📖 ♪ Basiswissen StaatsR II –GrundR (Frage-Antw.) (7 €)
- 📖 Basiswissen VerwaltungsR AT– (Frage-Antwort) (7 €)
- 📖 Studienbuch Staatsorganisationsrecht (9,90 €)
- 📖 Studienbuch Grundrechte (9,90 €)
- 📖 Studienbuch Verwaltungsrecht AT (12 €)
- 📖 Studienbuch Europarecht (12,90 €) ♪ Basiswissen EuR
- 📖 Studienbuch Wirtschaftsvölkerrecht (12,90 €)
- 📖 Staatshaftungsrecht (9,90 €)
- 📖 VerwaltungsR AT 1 – VwVfG u. 📖 AT 2–VwGO (7,90 €)
- 📖 VerwaltungsR BT 1 – POR (9,90 €)
- 📖 VerwaltungsR BT 2 – BauR 📖 BT 3 – UmweltR (9,90 €)
- 📖 ♪ Definitionen Öffentliches Recht (9,90 €)

Steuerrecht

- 📖 Abgabenordnung (AO) (9,90 €)
- 📖 Erbschaftsteuerrecht (9,90 €)
- 📖 Steuerstrafrecht/Verfahren/Steuerhaftung (7,90 €)

Sozialrecht

- 📖 Kinder- und Jugendhilferecht (7,90 €)
- 📖 Sozialrecht (9,90 €)

Nebengebiete

- 📖 ♪ Standardfälle Handels- & GesR (9,90 €)
- 📖 ♪ Standardfälle Arbeitsrecht (9,90 €)
- 📖 Standardfälle ZPO (9,90 €)
- 📖 ♪ Basiswissen HandelsR (Frage-Antwort) (7,9 €)
- 📖 ♪ Basiswissen Gesellschaftsrecht (7,90 €)
- 📖 ♪ Basiswissen ZPO (Frage-Antwort) (7,90 €)
- 📖 ♪ Basiswissen StPO (Frage-Antwort) (7,90 €)
- 📖 Handelsrecht (9,90 €)
- 📖 Gesellschaftsrecht (9,90 €)
- 📖 Arbeitsrecht (9,90 €)
- 📖 Kollektives Arbeitsrecht (9,90 €)
- 📖 ZPO I – Erkenntnisverfahren (9,90 €)
- 📖 ZPO II – Zwangsvollstreckung (9,90 €)
- 📖 Strafprozessordnung – StPO (9,90 €)
- 📖 Einf. Internationales Privatrecht - IPR (9,90 €)
- 📖 Standardfälle IPR (9,90 €)
- 📖 Insolvenzrecht (9,90 €)
- 📖 Gewerbl. Rechtsschutz/Urheberrecht (9,90 €)
- 📖 Wettbewerbsrecht (9,90 €)
- 📖 Ratgeber 500 Spezial-Tipps für Juristen (12 €)
- 📖 Mediation (7,90 €)
- 📖 Sportrecht (9,90 €)

Karteikarten (je 9,90 €)

- 📇 Zivilrecht: BGB AT/SchuldR/Grundlagen/Schemata
- 📇 Strafrecht: AT/BT-1/BT-2/Streitfragen
- 📇 Öff. R.: StaatsorgaR/GrundR/VerwR/Schemata

Assessorexamen

- 📖 Der Aktenvortrag im Strafrecht (7,90 €)
- 📖 Der Aktenvortrag im Zivilrecht (7,90 €)
- 📖 Der Aktenvortrag im Öffentlichen Recht (7,90 €)
- 📖 Staatsanwaltl. Sitzungsdienst & Plädoyer (9,90 €)
- 📖 Die strafrechtliche Assessorklausur (7,90 €)
- 📖 Die Assessorklausur VerwR Bd. 1 (7,90 €)
- 📖 Die Assessorklausur VerwR Bd. 2 (7,90 €)
- 📖 Vertragsgestaltung in der Anwaltsstation (7 €)

Irrtümer und Änderungen vorbehalten!

BWL

- 📖 Einführung i. die Betriebswirtschaftslehre (7,90 €)
- 📖 Organisationsgestaltung & -entwickl. (9,90 €)
- 📖 Fallstudien Organisationsgestaltung & -entwickl.
- 📖 Internationales Management (7 €)
- 📖 Wie gelingt meine wiss. Abschlussarbeit? (7 €)
- 📖 Medienwirtschaft für Mediengestalter (14,90 €)

Irrtümer und Änderungen vorbehalten!

Schemata

- 📖 Die wichtigsten Schemata–ZivR,StrafR,ÖR (14,90)
- 📖 Die wichtigsten Schemata–Nebengebiete (9,90 €)

♪ bedeutet: auch als **Hörbuch** (CD oder MP3-Download) lieferbar!

Bei **niederle-media.de** bestellte Artikel treffen idR *nach 1-2 Werktagen* ein!